韓国無教会双書　第２巻

信仰と人生

下

金教臣著

金振澤訳

皓星社

凡例

一、本巻は、主に『聖書朝鮮』誌のキリスト信仰の実際問題に関する文章を中心にして、十三の項目に分類して編集された『金教臣全集』第二巻（耕智社、一九七五）の中から選んで、『韓国無教会双書』第2巻（「信仰と人生」下）とした。

一、本巻の本文中（原文日本語）とあるのは、一九四〇年から一九四一年にかけて、朝鮮総督府の「皇民化政策」（日本語強制）に従って、金教臣が日本語で『聖書朝鮮』誌に寄稿したもの十七篇中の三篇で、原文を読みやすく手直ししたもの。

一、金教臣の文章中、特に巻頭文は日本統治下の総督府の言論検閲の下に問題になったことが少なくなかったが、本巻中「以下〇行略」とあるのはそれによる削除部分を指す。

一、本文中、聖書の引用は、原則として日本聖書協会発行の『口語訳聖書』（一九五五年改訳）によった。

一、本文中、引用された聖書の言の後に付けられた聖書引用個所は、大部分、読者の便宜をはかるため、編者・監修者が挿入したものであることをお断りする。例（マタイ一・一）

一、本文中、現在は不適切とされる用語を使っているが、当時の時代状況を考え、原文どおり使用していることをお断りする。（例・癩《ママ》病、北鮮《ママ》）

一、本巻の本文中、米の値段や、教育費などがふれられている。現在、どの位の金額になるか参考に例示する。

一九三五年の大学卒業者の初任給が九十円、米十キロ（標準米）が二円五十銭。日本銀行金融研究所貨幣博物館によると物にもよるが、当時の一円が現在の二千円から、三千円に相当するとのこと。

一、各文章の末尾に、発表した年月と号数を付した。

目次

祖国

『聖書朝鮮』誌　創刊の辞

ある朝、己れの名声が世にほめそやされるのを知ったバイロンは幸せ者であった。ところが、ある夕べ、「やっぱり朝鮮人なのだな！」と言って、連絡船の甲板で地団駄を踏んだ者は愚か者であった。(注)

私が学窓にあって学問の欲望に貪酔《どんすい》していた時、しばしば自ら頷《うなず》いた。「学問には国境無し」と。荘厳な会堂内で烈火の如き説教を傾聴する時、私は感謝することが一度ならずであった。「四海これ兄弟同胞なり」と単純に信じ受けて。

江戸城の内外に、良心に忠実にして国を愛するこ と切なる少数者（注・内村をはじめ、大手町衛生会館での内村聖書研究会に集う集会員たちを指す）が第二国民（注・植民地下の朝鮮人をこのように呼んでいた）の薫陶に食を忘れて没頭するのを目撃する時、私の計画は遠大に至らんとするものがあった。「正しき事を為すに誰かあげつらおうか」と。はたせるかな、学問的野心に国境はなかった。愛の衝動に四海はわが胸中のものであった。理想の実現に及んでは、前途はただ洋々たるのみと。時に聞こゆる声あり。曰《いわ》く「どうあがいても、お前は朝鮮人である！」と。

嗚呼《ああ》！　どうしてこれ以上に、深刻な意味を我らに伝うる言葉が他にあろうか。これを解して万事休す。これを解して万事成るである。ここにおいて視線は焦点に合わされ、対象は一つなることが明確となったのである。我らは敢えて朝鮮を愛すと大言し得ざるも、朝鮮と自分との関わりにおいて、やっと我らが「何者」なるかを知り得たところがあると信ずるなり。その遅きことにおいては、人の嘲りを待つまでもないことだが。

さて、自分の為に何をなし、朝鮮の為に何を計るべきか。ただ悲憤慨世《がいせい》するのみで事足れりであろうか。最近、我が兄弟達の間に平素の思想が相反し、日頃の趣向が相異なるにも拘らず、各々が自分を譲《ゆず》って同一の標的に向かおうとする傾向が見えるのは、我らの共に祝賀するところであり、これは実に親の亡くなりし後に孝行の真心が湧き起こることと同じ道理であって、我ら親不孝なる者、どうしてその例に漏れようや。境遇は奇蹟を生むらしい。

ただ、同一の最愛のものに対しても、その表現の様式がそれぞれ異なるのは已むを得ざることである。しかし、我らは多少の経験と確信をもって、今日の朝鮮に与うべき最も珍しく最も切なる贈物は、珍しくもない旧新約聖書一巻があることを知るのみ。

それゆえ、憂いを共にし、望みを一所に寄せる愚者五、六人が東京市外杉並村に初めて会合し、「朝鮮聖書研究会」を始め、毎週時間を定めて朝鮮を想い聖書を学びながら半年余、誰かが動議して、その間の願いと研究の一端を世に公開しようとして、その誌名を『聖書朝鮮』と呼ぶことになった。命名の優劣と時期の適否は我らの問うところではない。ただ我らの念頭の全てを占めるものは「朝鮮」の二字であり、愛する人に贈るべき最も珍しき贈物は聖書一巻のみで、両方のいずれか一つを捨てがたくしてできたのがこの名である。願わくは、これを通して熱愛の純情を伝え、至誠の贈物を彼女（注・独立を失った祖国朝鮮をさす）に捧げんとするものである。

『聖書朝鮮』よ、汝はまずイスラエルの家々に行け。いわゆる既成信者の所に行くなかれ。キリストよりも外人を礼拝し、聖書よりも会堂を重視する者の家からは、その足の埃《ほこり》をはたいて出て行くべし。『聖書朝鮮』よ、汝はいわゆるキリスト信者よりも、朝鮮魂を持つ朝鮮人に行け、田舎に行け、山村に行け、そこにて樵夫《きこり》一人を慰むるを汝の使命とせよ。

『聖書朝鮮』よ、汝にほんの僅《わず》かな忍耐力があるならば、汝の創刊日以後に出生する朝鮮人を待って面談せよ、相論ぜよ。同志を一世紀後に期すとも、何の嘆ずるところがあろうか。

（一九二七年七月　創刊号）

（注）原文はこのとおりであるが、この個所について『聖書朝鮮』の同人であった宋斗用は「彼が学生時代に、ある日、玄界灘を渡って帰国の途中、連絡船の甲板で地団駄《じだんだ》を踏んで「朝鮮人は可哀想だ！」と叫んだことは、有名なエピソードである」と述べている（本『双書』第9巻六七頁参照）。（監修者）

『聖書朝鮮』の解

聖書と朝鮮　古人も書の中で「千鍾粟（注・元来は千種類の穀物を意味したが、ここではそれぐらいの穀物を播いて育てられる広い田畑の意）がありと言って、美田沃土を買うよりも書籍を買うに如かず」とその貴重な理由を喝破しているが、書籍が貴いならば、書籍中の書籍である聖書が最も高貴な書籍である。これは我らの偏見でなく聖書自体が証明しているところであり、世界史が立証するところである。他方、インドのシムラは避暑の極楽地であり、イタリアのリビエラ地方は避寒の楽園というが、四季に恵まれ、百年、働き食べて生きていくには、朝鮮よりもさらに良い所が地球上にまたとあろうか？

たとい白頭山がなく金剛山がなかったとしても、それでも朝鮮はこの上ない朝鮮であると思うのであるが、これはもちろん我らの主観である。この世に最善のものは「聖書と朝鮮」。それ故に「聖書と朝鮮」である。

聖書を朝鮮に　愛する者に与えたいものは一つや二つにとどまらない。天の星でも取って与えてやりたいが、人の力には自ずから限界がある。ある者は朝鮮に音楽を与え、ある者は文学を与え、ある者は芸術を与え、朝鮮に花を咲かせ、着物を着せ、冠をかぶらせるが、我らは朝鮮にただ聖書を与え、その筋骨を立て、その血液を作りたいと思う。同じキリスト教でも、ある者は祈祷生活の法悦の境を主唱し、ある者は霊的体験の神秘世界を力説し、ある者は神学知識の組織的体系を後生大事にする。だが、我らはただ聖書を学び聖書を朝鮮に与えたいと思う。さらにより良いものを朝鮮に与えようとする人は与えよ。我らはただ聖書を与えたく微力を尽くす者である。それ故に聖書を朝鮮に。

朝鮮を聖書の上に　科学知識の土台の上に新朝鮮を建設しようと欲して科学朝鮮を標榜する運動が時代に適さないのではなく、その人口の八割以上を占める農民に対して、デンマーク式の農業国朝鮮を興隆せんとの企図が時宜にかなわざるに非ず。その他、新興都市を主体とした商工朝鮮とか、思潮の波に乗った共産主義朝鮮など、皆、誠心誠意から出たものであるならば有害なものでは無かろうが、謂わば、こうしたものは皆草花の如く、朝露の如くで、今日あっても、明日はその跡形さえも捜し得ざる砂上の楼閣なれば、風雨に会えば破壊されること甚だしかるべし。それ故に、こうした具形的（注・産業技術に基礎を置く）朝鮮の下に永久の基盤を築かねばならぬので、その地下の基礎工事が、即ち、聖書的真理をこの民に所有させることである。広く深く朝鮮を研究して、永遠の新しい朝鮮を聖書の上に立てよ。それ故に、朝鮮を聖書の上に。

もしかすると、万国聖書研究会だとか、または大英聖書公会などと『聖書朝鮮』誌との財政的関係を問い合せる人がいるかもしれない。しかし、そういうものと我らは何ら関係がない。『聖書朝鮮』はただその主筆の全責任で経営するものであり、朝鮮を聖書化することに賛同する少数の友人達が協力するだけである。どの教派とか団体とか外国との金銭関係は全く無い。

（一九三五年四月　七五号）

誰の咎《とが》なのか

日本から帰国した者から伝え聞く話によれば、大阪では朝鮮人に対する世間の蔑視がひどいとのことだが、それは十中八、九が自ら信用を失ったためであると（以下二行省略）（注・これは検閲時の削除の意味。以下同様〈編者〉）。さらに聞くところによれば、関釜連絡船の乗客の三分の二は朝鮮の労働者であるが、朝鮮に帰って来るだけではなく、帰って来ては日本にまた行き、行ってしまうだけではなく、行ってはまた帰って来るという。田畑を売りはたいて作った金も連絡船の旅費で無くなってしまい、労働して一文、二文と貰《もら》い貯めた賃金も、帰国時に玄界灘で使い果してしまう情況であるという。それでも昨日と今日とが同じであり、昨年と今年とに変わりはなく、日本に行く船にも三分の二が白衣の民であり、朝鮮に帰って来る船に乗っているのは大多数が朝鮮の飢えた人々であり、寒心にたえないと。

気の毒なことだ。聞いた者としては直ちに釜山まで出かけ出して行き、日本へ行こうとする人をつかまえ、行かぬよう引き留めたいが、彼らは必ずや抗議するだろう。「誰がおまえを立てて、われわれの監督や裁判人としたのですか」(出エジプト二・一四)と。元来、我らは争いを崇《あが》め尊んだことは無かった。殴られればそのまま堪え忍んだ(以下一行省略)。しかし、今やこの民は風に吹かれる草の葉のように軽薄となり、箕《み》によって吹き飛ばされる籾殻《もみがら》のように虚妄となってしまった。このままでは将来どうなることだろうかと心配なのである。

為政者を責めようとすれば責めることもできる。おおよそ、民が塗炭の苦しみのために放浪する原因の大半は、当然為政者が負うべきである。しかし、これは世間の皆が考え普通にやっていることであり、皮相的な観察に過ぎないことなので、我らはもう少し深いところに目を向けようと思う。

「今でもそんなに怠けているのか」と尋ねるのは、日露戦争当時、朝鮮の農村を見て帰った日本兵士の回顧談に出る最初の言葉であった。その第一の原因は怠惰であるということである。勤労で汗を流すことを嫌い、遊んでのんびり暮らすことを生涯の願いとすることが、隠すことのできないこの民の著しい特色となってしまったからである。

連絡船の甲板の上を潮汐《せき》のように往来する群れはたいてい幸運を捜す者であり、不老長寿の薬草を求める夢の中をさまよう人間どもである。万一それらが見つからなければ、彼らは日本へ行き来することもなかったであろう。

しかし、彼らが土地に根をおろして生きて行けず、海上や空中にぶかぶか浮いて放浪するのは、彼らの願いだけでなされたことでもないのではないか。必ずやその背後に、もっと大きい原因があるに違いない。それはすなわち摂理である。

誰か一人でもいい。この重責を一身に担《にな》って麻衣《あさごろも》に灰をかぶり、釜山埠頭に出向く人はいないか。また、誰が「私はその人ではない」と言い逃れすることができようか。(注・「誰も拒否できないはずだ。ぜひ誰か出向いて欲しい」との願望と勧めが込められている反語的表現——監修者)

(一九三四年八月　六七号)

代価が払われない米粒

畏友政池仁君主筆『聖書の日本』誌二月号に、次の様な静岡の米屋さんの記事があった。

静岡に一人の誌友がいる。米屋さんである。その人は朝鮮人に多くの顧客を持っている。然るに朝鮮の労働者は多くは一、二年すると他に引っ越してしまい、最後の米代を払わずに行ってしまうのが常だそうである。そこで多くの米屋は予め其事を見越して、朝鮮人には枡目をへらして米を売るか、朝鮮人には売らぬ様にしているそうである。しかし、神を信ずるこの米屋さんにはそれが出来ない。それで、いつも最後の米代だけは全額損をして今まで売って来た。しかし、昨今の様に米が不足する時代になると、そんな慈善的商売は続けてはおれない。彼は遂に朝鮮人には米を売るまいと考えた。しかし彼の良心はそれを許さなかった。一晩祈りあかして彼は決心を変え、苦心して買い集めた米を、従来どおり朝鮮人に売っていると言う。「この世に於いては損をし、馬鹿な奴だと言われるのみです」とは、昨年末の彼の手紙にあった言葉である。

一月十五日　静岡に大火があった。夕方のラジオでは、彼の住んでいる鷹匠町二丁目までは安全の様であった。然るに、その後延焼して、翌朝の新聞には焼けたとあった。この義人を、神は遂に見捨て給うたかと思うとたまらなかった。しかし、数日後には彼の家が安全だった事を知った。火は二、三軒先まで来て止まり、彼の家はちょうど焼け境になったと云う。その上、ある人が伝えてくれたことによれば、「風強く、水なく、手のつけ様もなかったのです。焼けるにまかせ、消えるにまかせておきました」とのことである。火は人力で消えたのではない。自然に消えたのである。これは単なる偶然であろうか。私にはどうもそうは思えない。

義しい人が、焼け出されたとて私は神を疑いはしない。神が世の罪なき人に罪を負わせ給うことは、多くある事だからである。しかし、それにも拘らず、神は義しい人に災禍を降《くだ》し給う場合、甚だ躊躇なされるのではないか？　やむを得ざるに非《あら》ずんば義しい人に災禍を降し給わぬ。この米屋さん一人の為に、神が鷹匠町三丁目以東を焼く事を思い止まり給うたのかも知れぬ。そうして見れば、義しき生活はそれ自身が大きな慈善事業である。

これを読んで赤面した。これが我らの同胞、朝鮮人の姿なのか、最後の米代を払わずに逃げてしまうのが常であるという。直《ただ》ちに考えとして浮かんだのは、早速静岡の米屋さんにかけつけて、今までの朝鮮人の未払いの分だけでも支払って上げたかった。しかし、長年の取引で積もり積もった未払金額は、決して私の如きものの払い得る金額では無いであろう。また、その一つの米屋さんの分を清算したところで、静岡市内だけでも他に損害を受けた米屋さんが幾つもあるであろうし、関東、関西にわたって幾多の米屋が同じ事を経験させられたであろうことに思い及ぶと、私は穴の中にでも入りたくなった。どうすれば、我らはこの負債を返済し得るであろうか。

まさかと思って、桑名市在住の誌友に訊いて見たところ全くその通りで、中には相当の資産をつくって故郷に土地を買う位の余裕のある暮らしをしながらも、矢張り最後の米代を払わずに夜逃げする同胞が相当多く、そのため正直な人々までも迷惑を蒙ること甚だしいとのことであった。実に困った消息である。払われざりし米粒の一つ一つが、今、聖なる神の前に叫ぶ。米粒の一つ一つの代価が悉《ことごと》く払われてこの叫び声が止むまでは、どんなことがあっても我らの救いは全うされ得ないであろう。

しかし、次のような話も教友から聞かされた。桑名市に於ける或る工場に働く教友は、病気中に積った米代を払うべく金七十余円を米屋に届けたところ、その米屋さんは一つの帳簿を開いて見て、米代四十余円だからとて三十余円は返された。しかし教友は「米屋さんでは多くの取引先があるから計算の間違いもあるかも知れぬ。自分はお宅だけから買ったので記憶が確かである」と残金をそのまま預けて、なお十分調べて見るように頼んだ。その後、この米屋さんは別の帳簿により、確かに合計七十余円であることを確かめて残金三十余円も受け取ったが、特等白米一俵を右教友の宅に届け、丁寧な御礼まで言ったとのことである。

なお、大垣市に於いて或る種の工場を経営する教友のことに就いても、実に愉快な事実を聞かされて、我らは神さまに栄光を帰し奉った。たしかに朝鮮人の性質には実に赤面すべきものがある。しかし、主イエスの福音の醗酵作用を経た時には、これまた棄てたものでないことを証明された。代価の払わざれし米粒の一つ一つよ、エホバの聖前に訴えることを暫らく猶予してくれ給え。それ等が悉く払われるまで、我らは天国への入場券も遠慮して伝道に努力しよう。主イエスの福音に其の力があることを確信しつつ。

（一九四〇年三月　一三四号）

漢陽（注）の娘たちよ！

私には、一つの誇りがある。そして、それは私の心の極めて深い所を占めている。私が朝鮮のすべての外形を見て慨嘆低頭せざえるを得ない時にも、その誇りが私の心臓に新しい鼓動を与え、私の頭をもたげさせ、私の目に希望の光彩が放たれた時が幾度あったろうか！

私は東北（注・金教臣の故郷は咸鏡南道・咸興）の一隅で成長し、見識の狭い者である。しかし、その狭いが故に思い込みも強かった。すなわち見た通りに信頼する。自分を生んでくれた母親の懐の中で育ち、農を主業とする素朴な人達の中に住みながら見たり聞いたりした。そしてこう考えた。「朝鮮を亡ぼしたのは男性たちであった。男性自身は滅びて再び希望がありそうにもない。しかし、朝鮮の女性は世界無比であろう。朝鮮の希望は、まさにその朝鮮的女性の特有な長所にあるだろう」と。

特に日本婦人の風紀とこれを比較する時、だれもがこの見方を是認してくれたし、我らもまた日本を長く観察するに至って、一層この確信を固くさせられてきた。聖書を知るようになってなおさら、貞操問題はこれが単に「烈女は二夫にまみえず、忠臣は二君に仕えず」ということだけに止まることでないことを知った。本当に、貞操問題は人生を一貫する根本原理である。単なる女性の問題でなく、同時に男性の問題であり、単なる現世の在り方でなく、結局来世にわたる宇宙の法則である。それ故にキリストは自分と教会との関係を新郎と新婦に譬えた（エペソ五・二二以下）し、それ故にヤハウェの神は「二つの神を敬《うやま》うべからず」と民に厳命された。

人類の中で、もし、最も完全に唯一の神を信仰した民族があったとすれば、それはユダヤ民族であっただろう。しかし、人類の中に、もし完全に貞操の道を守ってきた民族があったとすれば、それは朝鮮の女性であっただろう。

ユダヤ人の将来に希望をもつならば、朝鮮の更生を疑う者は誰か。朝鮮の男性、特に、その新人青年らは不信と放縦でますますその滅亡の速度を加えるかも知れない。しかし、朝鮮の純粋な女性はただ真理に生き、また真理を産むであろう。これが我らの誇り、確信の堅固なる理由である。

しかし、最近の噂《うわさ》はどうだろうか。近年聞くところによると、ソウル（注・朝鮮における京・都の古称）を中心とした女学生の風紀、各種娯楽場に現われる暗黒の状況。ああ、これがもし事実だとすれば、二つの道の内の一つを取るべき岐路に立っている。すなわち、先代の朝鮮の女性と現代の朝鮮女性の間を厳密に分けて、我らの誇りを前者だけに限るか、さもなければ現実を認めて我らの顔に熱火をかぶり、自己の非を認めて万国に向かって謝り、伝統的朝鮮の女性観の誤りを先祖に詫びなければならない。

ただ、我らは今だに書生が机に向かう生活であり、実相にまだ詳しくないので軽率に気を落とさず、ただ尋ねるが、ああ、漢陽の娘たちよ！　君たちは我らの誇りを裏書きして、我らの誇りをより高くしようとしてくれるのだろうか。あるいは、我らの顔に炭火をかぶせて、朝鮮の前途を永久に暗闇をもって遮ろうとするのか。ああ、朝鮮の娘たちよ。ああ、漢陽の娘たちよ！


（一九二七年七月　創刊号）

（注）朝鮮語読みでは「ハニャン」、朝鮮王朝の都（ソウル）の旧名。金教臣は意図的に日本名「京城」ではなく、旧名の「漢陽」、「ソウル」を使っているように見える。（監修者）

朝鮮人の願い（注）

今日のイギリス、アメリカ、日本など比較的社会が安定している国の有為な青年達は先を争って商科大学に入学することを願い、未来の重役とか頭取を夢見ているが、ロシヤの青年の願いは必ずしも商科にあるのではない。また、今日、中国人には教育者となるのが第一義的な務《つとめ》ではないというのは当然の論旨であるが、しかし、朝鮮を実際的に考える者は誰であれ、まず、教育から出発すべきであろう。昨日や明日の議論でなく、アメリカとか中国やロシヤの問題でなくて、今日の朝鮮、朝鮮人の第一義的になすべきことは何であり、したがって、若い朝鮮人の願いはどこに置くべきか。

大多数の朝鮮人は気衰え力尽きて朝鮮を更生させるがごときは、単に考えるだけで実際にはできないもののように思い、「汝口を閉じよ」という標語の下に、死せるが如く生への向上なき命を長らえるか、独善にしてその身を悪しき習慣の中に閉じこもろうとするか、共産主義者が現れ、累々数千語をもって組織体の偉力と義勇の本質などを喝破して、若い朝鮮人たる者のあるべき姿を披露するのを見るに至る時、彼らはその結論を待つまでもなく、最初の題目だけで十二分の満足を覚えたのであった。

しかし、組織的に団結して偉力が発生するなら、一時も早く団結して見よ。真正《まこと》の勇気とは如何なるものなるかを知ることにより、小事に憤る人が義憤の士と変り得るならば、速やかに一人残らず立ち上がり二千万の大義の民衆となれ。これが皆全く不可能ではないということであれば、我らはいかにもして標的に向かって努力せんことを勧めてやまないのである。

しかし兄弟よ、もし団結することに失敗したとしてもあきらめず、また、義勇の活気が起こらないといって自暴自棄になるな。そのことこそが我らの直面する今日の問題であり、それ故、我らが実際の第一義的急務として若い朝鮮人に願うことは、朝鮮の兄弟よ、まず悔い改めよ、ということである。神の前に、また、人の前に自分の過ちを認めて悔い改める神と人との間の正直性と、人と人との間の信実性、この二つは二様一元の基盤である。信実（sincerity）の欠けた個人を集めて完全な組織体を作ろうとするのは、あたかもセメントの粉を混ぜずに砂だけで固めようとするのと同じである。

聞くところによると、小国デンマークが今日のような富裕国になった主な原因は、彼の国で特別に発達した各種の組合制度にあり、その組合の運用が至極円満なのは、その国民個人個人の信用（信実）に起因するものだという。

それ故、朝鮮の政治と経済を考える人はまず悔い改めよ、義憤の気概に欠けたことを嘆ずる人も悔い改めよ、そうして、神と人との関係を正しくすることによって人と人との間に信が生まれ、大いなる憤りと真の勇気の力を受けて、ついには異邦人の求めるところのさまざまの祝福までも受けるであろう。

（一九二八年一一月　六号）

（注）この文章が書かれたのは、一九二五年、朝鮮共産党が結成され、一九二七年、新幹会や槿友会などの左派系民族運動団体が結成された時代背景がある。（監修者）

朝鮮の希望

リバイバル伝道が大々的に起こって各所の教会に霊火が飛び火したということが、必ずしも朝鮮の希望を招くことにならなかったことは過去に経験したところである。社会全般がキリスト教的に化して商人までもヤソ坊主の風をしなくては生きられなくなったとしても、それが朝鮮の希望を約束することにならなかったことは、西北地方（注・黄海道・平安南北道）で既に試験済みのことであった。

その他神学を志願する青年が多いからとか、独立伝道の悲壮な決心をもって救霊事業に進出する人を見たから、朝鮮に希望があるというのではない。そうした種類のことで決して希望が生まれるのではない。神学とか伝道にだけ聖なるものがあって、そこから更正の希望が生まれるというのではない。養豚と養鶏にたずさわる人がその仕事に神の創造の御業《みわざ》を読みとり、産卵の日時と雄雌の選別を偽らずに神の御前で行なうならば、それは皆聖なることであり、その結果、希望が全民族に臨む大事業となるのである。

我らの願いは巨大な事業の成就や、あるいは霊的な事業への献身にあるのでなく、真実な人物の出現にあるのだ。彼が如何なる事業も成就したことがなく、キリストと同じく惨敗でこの世を終わったとしても、本当の意味で神を信じキリストと共に歩み、共に考え働くのであれば、我らの希望は全く彼にかかっている。

（一九三七年三月　九八号）

孫基禎君の世界マラソン制覇

八月十日早朝、ベルリンから孫君がマラソンで一着になったと放送の電波が到着した瞬間から沸騰し始めた全朝鮮の喜びは、各新聞が最高の讃辞でその功績を賞し、感謝を呈し、各種雑誌が新英雄像を描いたのであるから、この感激の盛り上がりも当然なことである。オリンピック競技の由来を知っている人は、マラソンの優勝がすなわち、その大会を征服することであることをよく知っている。「オリンピックでマラソンに優勝するほど華やかなものはない。マラソンに勝てば、オリンピックを征服したといっても過言であるまい。その意味で孫君は全く幸福だ」（『大阪毎日』南部忠平）という通りである。

しかし、このような喜びと誇りと称賛は世の人々にまかせて、これとは別に、我らのもつ特別の感想の幾つかを述べようと思う。

第一に、孫君は我らの学校の生徒であり、私も以前東京—箱根間駅伝競走の選手であったので、マラソン競走の苦と快を共に経験した者である。孫君が昨年十一月三日、東京明治神宮コースで二時間二十六分四十一秒で世界最高記録を達成した時は、「先生のお顔が見えるように自動車を一定の速度で先を走らせて下さい」という注文に、「まさか先生の顔を見ることが走る脚に力になろうか」と思いながらも、この時、生徒は教師の心臓《ハート》の中に融けて一つになってしまったのだ。六郷橋の折返点から終点まで、車窓から顔を出して応援する教師の両頬に止めどなく熱い涙が流れ視野をぼかしたが、これは師弟一体の化学的変化の故に発生する涙であった。そして、その結果が世界記録であった。こんな立場でベルリンからの放送電波に接した時、他の人とは異なる感激が湧かざるを得ない。

第二に注目すべきは、オリンピック優勝の感想として報道されたところによると、「勝利は作戦にあったのでなく精神にあった」という体験を孫君が告白したことである。「驕慢は滅亡に先立つ」（箴言一六・一八）ということが聖書の教訓であり、このことは、神が個人と民族と国家と帝王に向かって示された重大な教訓の一課目である。前回オリンピックマラソン優勝者アルゼンチン国のザバラ君が、傍若無人な行動をして惨敗した光景を目撃した孫君が、「勝敗は作戦と体力にあるのでなく精神の謙虚さにある」ことを発見し、その真理を体得して全世界に立証した事は重大である。

第三に重要なことは、「養正高等普通学校のあの校舎と運動場がこのような世界第一の選手を出したとすれば、我が朝鮮が永遠なる世界の競走場で勇者の冠を戴けるだろうと信ずることが、一層深くなって行きます」（咸錫憲君の祝賀状）という新しい希望が与えられたことである。世間の人は口を開けば必ず施設であり環境と言う。しかし先進諸国はさておき、朝鮮中のどの高等普通学校（注・旧制中学校）の教室も養正よりも貧弱でなく、その講堂と運動場が養正より狭いと言えるであろうか（以下二行省略）。

第四に、神の存在を新しく認識するようになったことである。たしかにマラソンは絶大な体力を必要とする。とすると、世界に朝鮮人より体力が優れた国民がなかったというのであろか。否である。また、有限な筋力を最大効果的に分配使用するには科学的研究が必要である。そうすると、科学的研究に我らよりも優れた国が無かったというのであろうか。いや、ある。さらにマラソンには何よりも忍耐力が第一である。しかし、朝鮮人が忍耐力で世界一だということは世界列強が承認しないところである。そうすると、どうして孫基禎君に優勝の栄誉がめぐってきたのか。識者には一大疑問である。

時に空中に言葉ありて言うに、「主はみ腕をもって力をふるい、心の思いのおごり高ぶる者を追い散らし、権力ある者を王座から引きおろし、卑しい者を引き上げ、飢えている者を良いもので飽《あ》かせ、富んでいる者を空腹のまま帰らせなさいます。」（ルカ一・五一～五三）と。これが神の属性であられる。孫君の優勝は、我らに意地悪なヤハウェの神の現存を説教してやまない。

（一九三六年九月　九二号）

弔蛙（注）

昨年の晩秋以来、新しい祈祷の場所ができた。断層岩が屏風《びょうぶ》のように囲み、細い滝の下に小さな淵を形作った所に、平らな岩が一つ淵の中に突き出ていて、一人が跪《ひざまず》いて祈祷するには天成の聖殿である。

この岩の上で、あるいはか細く、あるいは力強く祈り、また讃美していると、前後左右からのそりのそりと這《は》い上がって来るのは、淵の中で岩の色に適応して保護色をなした蛙たちである。山中で大事件でも起こったとでもいうような表情で、新来の客に接近してくる蛙君たちは、時には五、六匹、時には七、八匹。

晩秋も過ぎて淵の上に薄い氷が張り始めたのにつれて、蛙君たちの活動が日増しに緩慢になり、やがて厚い氷が水面を覆った後には、祈祷と讃美の調べが彼らの鼓膜に達しているのかいないのか知る由もなかった。このように消息が絶えてからおおよそ数か月余り！

春雨《はるさめ》の降りしきった日の明け方、この岩のすき間の氷の塊りもついに溶ける日が来た。久しぶりに友なる蛙君たちの安否を尋ねようと淵の中をかがんで捜してみると、ああ、蛙の死体二、三匹、淵の縁に浮遊しているではないか！

推察するに、過ぎし冬の非常な酷寒に、小さい淵は水底まで凍ってこの惨事が起こったようだ。例年には凍らなかった所まで凍りついたためらしい。凍死した蛙の死体を集めて埋葬してやろうと覗いてみると、淵の底にはまだ二、三匹這い回っている。ああ、全滅は免れたようだ！。

（一九四二年三月　一五八号）

（注）この文章が朝鮮独立を願う不穏文書の嫌疑がかかり、関係者十三人は一年間獄中の身となり、全国の読者も百人以上が一時検挙され、『聖書朝鮮』は廃刊となった。いわゆる「聖書朝鮮事件」といわれる。（監修者）

安息日の民

福音書を読む人は誰でも、イエスが安息日ごとに会堂に入られて、しばしば聖書を読まれ教えられたことを見過ごすことはできないだろう。福音書記者はそこに簡単な一句を添えて「いつものとおり」といった。一度や二度だけでなく。安息日ごとに会堂に出席されたことを知り得るし、公生涯に入られた後だけでなく、三十歳以前の私生涯の時代にも、実に十二歳の少年時代以来、安息日ごとに会堂に出席して聖書を学び教えたことが書かれており、安息日厳守はイエスの一生の習慣であったことがこの一句から充分に推量することができる。そして、イエスは安息日ごとに会堂に出席されるのが常であった。

イエスだけがそうしたのではなく、イエスの弟子たちも安息日ごとに会堂を訪れて新しい福音を伝えたし、ユダヤ人の祖先たちが安息日を聖別して、この日には世俗の仕事から離れて神を礼拝することと、神の言葉に思いめぐらすことだけに捧げたことは言うまでもない。イスラエル民族は安息日のために生きる生活であったのか、生活のための安息日であったのか、分かち難いほど安息日を大事に思って、これを聖別した。

平常の時はもちろん、異民族と戦争する時でさえも、イスラエルの民たちは安息日を守った。それほどまでに愚直に固執してやまなかった安息日を聖別した結果、その民の得たものは何であったのか。利口な人は直ちに答えるだろう。ダビデ王国が滅びたこと以外に何の得るところがあったのかと。また、勤勉な人達が一ヵ月に四、五回ずつ安息日を守ることは産業不振を招くといい、忠義深い為政者たちは、一年に五十回を超える安息日遵守は国家の衰退の原因になると心配する。果たしてそうであろうか。ユダヤ人の歴史から深く学ぶべきである。

ダビデ王国が滅亡して三千年の今日、むしろ世界列強の恐怖となりながら存続するユダヤ民族の生命力はどこに起因したのか。もちろん、第一には人間の目に見えないヤハウェの神の経綸にあるものと言うべきだが、形に現われたものとしては、彼らの教育が満遍なく普及したことを挙げる外にない。その教育とは、主に安息日に会堂で行った教育であることは今さら言うまでもない。短期的に見ては民の損失でありそうな安息日厳守が、むしろ民の生命とその活力を保全したのである。

個人の生活も同様である。受験前の学生たちのように日曜日を受験勉強にあてて多少の得が無いでもないが、それは陽炎《かげろう》である。むしろ安息日を聖別して、この日に永遠なる真理に身を委ねることで、キリストの真の生命を溢《あふ》れるほど受け、個人の天寿を完成させ、民族の生命を無窮に保持すべきである。主イエスも静寂な会場を探し、時々新しい生命を補給することに努められた。

(一九四〇年三月　一三四号)

慶州（朝鮮の古都新羅）で

十月五日夜ソウルを出発して、翌朝、大邱で軽便鉄道に乗り換えた。鉄道の沿線には、中生代の大邱層岩石が板材を積み重ねたようになって、腕を伸ばすと触れるほどで、修学旅行の教材として貴重なものである。新羅の香りがするという阿火駅を過ぎて、遠く金尺峯群を眺めながら汽車が地溝帯を過ぎ盆地に突入した時には、もう憧れていた東都に着いたのであった。慶州駅が水原駅のように純朝鮮式の建物であったことが私に満足感を与えた。

午後二時ごろから一番始めに、西岳に向かって古跡探訪の途についた。太宗武烈王陵に参拝し、西岳書院を過ぎ金庾信の墓に上って行き、一千年前の百万人首都の全容を眺望した。山のような墳墓の巨大さがたとえエジプトのピラミットに比べて遜色があるとしても、我らの祖先が彼らと比べて遜色のない丈夫《ますらお》の生活をしたという資料を提供するには充分であった。金庾信（注・三国統一を為した将軍）の墓は、武烈王の陵に比べてその規模は小さいが、掛陵と共に新羅時代の陵墓の旧き全容を大体完全に保全しているといわれ、石の欄干、石床と十二支柱なども見られた。ただ、同時代の武烈王陵があのように崩れ落ち、金庾信墓だけがこのように旧姿を完全に保存しているのは、そこに何か歴史的な意味があるのではないかと思うのだが。ああ、わたしの浅い見識よ！。

山の麓で大邱層岩石の一塊を採集し、西川を渡り市内に向かった。国破れて山河ありというが、千年前に軍船と内外の商船が行き交った西川を今渡るとは、新羅の誰が予想したろうか。国破れ山河破れ、南山は樹木の全くないはげ山となり、花崗岩から白砂だけを生産するだけになり、西川は砂丘をなして干上がった川となったのである。今後、千年の歳月で半月城下に帆船が入ってくることを期待すれば、誰が造林を願わないだろうか。

七日の朝、慶州古跡保存会から案内者が来たが、その行程のプログラムがお粗末なのを見て案内を断わり、半年間慶州のために準備したところの我らの知識によって、自由に旧跡を探訪することにした。東に出て九重塔を見、皇龍寺跡を経て雁鴨池に至り、千年前既に今日の昌慶苑に劣らない動物園、植物園と水族館を設備していた我らの祖先の博物学の知識に対して敬慕の念を禁じ得ず。石氷庫に至り、新羅人の生活様式を推察想像してみた。科学的知識が卓越していた当時の人が、石氷庫の出入門を南に設けたのは何故なのか。

半月城下の日精橋、月精橋の旧跡を探し、孔子廟の傍にある崔富豪宅をしばらくぶりに訪れた。十三代、三百余年間火鉢の火を絶やさなかったという伝説を聞いたからである。慶州では遺物旧跡が生命である。そして、慶州の山川そのものが遺物である。その慶州で火を保存する原始時代の遺風が見られるのは、その所を得たものと言えようか。東北に行き、鶏林でしばらく休み、瞻星台に登って、千年前の科学者に敬意を表したのがちょうど正午。芬龍寺、皇龍寺と臨海殿などが皆当時の宮廷にあったという。半日歩きまわって見学したのは、庭内の散歩に過ぎなかったのだ。新羅の偉大さよ！

午後、軽便鉄道で仏国寺に向かい、途中影池の畔《ほと》りに立つと、伝説のとおりならば、新羅人は恋慕の情もその後孫よりも信実であり、また誠実であったようだ。掛陵に参拝して新羅文化の絶頂を垣間見て仏国寺に着くと、お寺と多宝、釈迦の両塔、青雲、白雲の両橋と盧舎那の銅仏像、春日燈、石造の獅子など、どれもが圧倒的で、我らの審美眼の不完全さが責められているようであった。多宝旅館に一泊。

十月八日早暁五時に出発して石窟庵に登山。六時十五分前に山頂に登り、六時二十分に太陽が東海から浮かび昇ってくるまで、その変化無窮なこととその光景の絶大なるをただ感嘆するだけで、とうてい言葉で表現することはできない。「人が生まれて偉人に出会うことは難しいことであるが、偉大な風景に出会うのはなおさら難しいことである。偉人は動くものなので、機会さえあれば会うこともあるだろうが、偉大な風景は自分が訪ねて行って初めて出会えるものである」と言われるのもむべなるかなであった。

朝日に映える石窟庵に入り、新羅文化の存在を立証して、今生きている朝鮮人二千万よりも一層雄々しく立ち、その自負心を雄弁に表わしている新羅芸術の結晶である石仏を見て下山。朝飯後、再び慶州に帰って来る。午後、蚊川を渡り五陵に参拝。金庾信の伝説で建てた天官寺跡と蘿井を眺めながら鮑石亭に至る。国家興亡の原因に想い巡らして南に二キロほどにある三石仏を観賞した後、南山城址に登り地形と築城の関係を明らかにしようとしたが、城址がはっきりしないので知ることもできず、名物の紫水晶も大きな結晶は発見できなかった。朝、東海に出た太陽が西岳に沈み、鳥頂山上に仲秋の月が登るのを眺めながら下山した。

九日の朝、北川を渡って栢栗寺に登る。背面から古都を見て、東、西、南、北四方からの観察を終わった。四体仏、瓢岩碑、解脱王陵でもって慶州の一巡を終わり、午前十時の列車で帰途についた。あわただしい見学であった。

前世紀に試運転した遺物らしい軽便鉄道に乗車して、孝峴のカーブを曲がると広々と開けた旧都の山野はもう見えず、ただ残ったのは三、四日間の疲労と二千年間を往来してきた印象だけであった。目を閉じても目前に現われて見えるのは、あの王陵と墳墓の巨大な土丘である。千余星霜が過ぎてもあのように偉大な事跡を遺したのだから、当時、彼らの生活、政治、軍事が如何に雄々しきものであったか察して余りがある。

しかし、すでに指摘したように、その墳墓はエジプトのピラミットに比ぶべくもなかった。現在、その史実が明らかなるものは僅かなのだから。ああ、三国統一の政略と武運も一場の春の夢に過ぎなかった。市の東側に高くそびえる二十九尺の瞻星台と、今だに原形を保存しているという雁鴨池は、新羅の科学を誇る力が充分世界水準に達したものと思われるが、如何《いかん》せん、中断された科学なので、日進月歩の現代科学に比ぶべくもなく、ただ自己満足と慰めの資料にでもなれば幸いではなかろうか。

政治も崩れ科学も過ぎて行くが、その中で独り千年後なお生命が生き生きとして残っているのは、当時の芸術である。武人石と石造の獅子とが健在で、春日燈と盧舎那仏が活きており、多宝塔の梅、蘭、菊、竹が年々歳々育つという。朝鮮の生霊二千万を死殻《から》遺骸と見るとしても、石窟庵の仏像に生気がないというわけではない。それ故、慶州から芸術を除くとすれば、残るものはゼロに近い。

新羅は消え去り慶州が荒野となったとしても、その芸術だけは今日まで残ったのだ。そして、慶州の芸術品の中から仏像とお寺を除いて見ると、残るものは何もない。すなわち、仏教の信仰がない所には金大成（注・新羅の宰相、石仏寺を建立）もいなかったし、新羅の誇りである芸術もなかったのである。新羅人が偉大だったのではなく、彼らのもっていた信仰に偉大な力があったのだ。信仰に立ちし時にのみ永遠で偉大なものが産出された。

（一九三〇年一一月　二二号）

朝鮮地理小考

一、単元

地理学上で単元(Unit)というのは二つの意味に使われる言葉である。政治的単元と地理的単元であるが、この二つは完全に一致する時もあれば一致しない時もある。例えば、朝鮮半島を八道あるいは十三道に区分するのは政治的単元であり、時によって変わり得るのである。しかし、半島を太白山脈によって東西の二区に分けるか、又は仁川、元山間を結んだ大地溝帯によって南朝鮮、北朝鮮に大別するかは、山脈、河川などの自然的要素に立脚した、所謂《いわゆる》、地理的単元であるから、いかなる時代においても変えることのできない「単元」である。

この地理的単元がはっきりするほど、一個の国家組織でも行政区域でもその任務を完全に遂行できるのである。中国は古今を通して群雄が割拠していたので政治的区分がなくはないが、中国史が常に統一を大きく表現してきたのは、中国の地理的単元がそうさせたのである。ポーランドの国境が時代によって度々変わってしまったのは、一望無限な平野の中に人為的国境を設定したためである。すなわち、地理的単元と合致することができない政治的単元を維持しようとする無理から生ずる悲哀だといえる。これに反して、イギリスと日本の両帝国がそれぞれ母大陸の盛衰を超越して長く独立を誇り得ることとか、老衰してもピレネー山脈に隔てられてよく特異な歴史を記録してきたスペインとか、アルプスの天城に守られて三千年の歴史を誇る老大国イタリア半島の如きも、すべて地理的単元がはっきりしているためである。

このような意味で、朝鮮の地理的単元はどうであるか。これは説明を待つより地図を一瞥するのが近道である。海に面した東、西、南の三面は言うまでもないが、大陸に接する北面も、白頭山とそこから発源する鴨緑、豆満の両江で天然の境界が極めてはっきりしている。ただ、朝鮮という地理的範囲は歴史の変遷につれて伸縮があった。朝鮮の国境を大略遼河本流及びその延長線で推定したとすれば、むしろ、山海関から長城と興安嶺以東となり、今日の満州国国境線とほぼ一致する地域が半島と合わせて一大地理的単元を形成する。このようにみる時、上述した半島の部分は小地理的単元になるであろう。しかし、今は李氏朝鮮以来（注・一三九二年）の境界により、半島の部分だけを論ずることにする。

二、面積

個人の家事の切り盛りや国家の経営とかは地域が広々としている方が狭いよりもよさそうだが、必ずしもそうだとばかりは言えない。中国一国はヨーロッパ全大陸の全面積ほど広々として朝鮮半島の五十倍にもなるが、今日の中国は強いということもできず、又、幸福な国だということもできない。これに反してデンマーク・スイス・オランダ・ベルギーなどの国々は、おおよそ朝鮮半島の五分の一又は六分の一に過ぎないながらも、他人の世話にならず生活の営みをしているばかりか、全世界列強から羨ましがられている。ただ、高い塔を築こうとすれば相当な土台面積があるべきことはもちろんである。以下幾つかの国の面積を示して、朝鮮半島も小さくない土地であることを証明したいと思う。

地名	面積（平方キロ）
フランス	五五〇、七六五
ドイツ	四七二、〇六三
スェーデン	四四八、一四二
ノールウェー	三二三、五四六
イタリア	三〇一、二五四

日本本州	二二三、五〇〇
朝鮮半島	二二〇、七四〇
イギリス本島	二二七、七二〇
ギリシャ	六四、五七〇
デンマーク	四三、〇一〇
スイス	四一、三七四
オランダ	三三、五八五
ベルギー	三〇、四三七

三、人口

中国は四億数千万人、インドは三億数千万人を抱えているが、これもまた数が大きいことは誇りにもならない。一方アイヌ族とかエスキモー族のように、小さすぎても人類の生活舞台に大きな足跡を遺していくのは難しい。ここにまた数字を挙げて、朝鮮国の二千万というのが少なくない人口であることを再び認識したいと思う。

地名	人口（万）
ドイツ	六、〇九八
ベルギー	七四七
イギリス本国	四、四二〇
オランダ	六八七
フランス	三、九二一
スェーデン	六〇一
イタリア	三、八八四
スイス	三八八
朝鮮	二、〇〇〇
デンマーク	三三七
トルコ	一、三三五
ノールウェー	二六五

（付）出エジプト当時、モーセが引率したイスラエル族は約二百万である。五十年前の日本民族は約三千万であったという。

四、山岳と平野

山岳が重なっているのに比べて広大な平野がないことは、実のところ朝鮮の一大欠陥だといえる。揚子江、ボルガ川、ミシシッピ川流域のような大産業をこの半島で期待できないことは事実である。だが、全く不毛の荒れ果てた土地ではない。ただ、ナイル川下流のように肥沃ではないが、それでも蜜の流れるカナンの沃地というパレスチナ地方よりも肥沃なことその何倍にもなる。平野が広くないとはいえ、二千万の家族を扶養するには充分である。

いわんや、米麦を生産しないからといって山岳は呪うべきでなく、むしろ感謝すべきを悟ることもできる。荒れ果てた物寂しい荒野を除いて預言者の国イスラエルの歴史は語れないといい、濃霧と怒涛の波を離れては日没することなき大英帝国の歴史を記述できないということは、余りにも世の中によく知られている地理的現象である。アルプス山のふもとの小国スイスが如何に大きな思想を人類に供給したかを吟味し、大英帝国の最も高貴な精神的産物と偉大な人物が、ほとんどやせこけた山岳地帯であるスコットランド出身であることを認識し、アメリカ合衆国の建国以来の頭脳がミシシッピー下流でなくて、アパラチア山脈の東北山地であり、おおよそアメリカの堅実な宗教家、高貴な思想家、深遠な芸術家並びに雄健な政治家は全てこの石塊が転々とする山谷から輩出されている事実を知るならば、我らの半島が山岳の国だとしても悲観することは一つもない。

ただ、我らの山岳には山脈はあってもヒマラヤ山脈のように雄大なものがなく、火山があっても富士山のように高い山が無いことを切なく思う人がいる。しかし、ここに考慮すべきことが二つある。インドのように、南部は灼熱地獄で、一時に数千の生霊が灼熱により苦悶死する災害が稀でない反面、北部エベレストの頂上には万古の積雪が四季白い冠を戴いてそびえている。こういう所でのみ仏教のような高遠幽玄な思想が胚胎するのが道理だというが、これはことの一面だけを言っているに過ぎない。

雄大な自然に圧倒される時には、むしろ多くの迷信が横行するようになり易い。インドから西南アジア地方に不健康な宗教が盛んに行われ、あるいはキリスト教に帰依しても、神秘化し迷信化して異彩を放つようになるのは、彼らの周囲にある大山岳と広い砂漠と乾湿の差と寒暖の異変と猛獣毒虫の災いなどの不健全な影響が少なくないからである。火山と地震の国には所謂「信心深い」という傾向が濃厚であり、一見宗教的国民であるように見える場合もあるが、その反面、彼らは礼拝物の対象如何を見分けられない傾向が多い。生殖器を奉祠し、魚の骨でも最高の敬虔をもって礼拝する環境の中で真の神を発見し、高潔な思想に到達することは容易なことではない。

このような理由から見て、我らは天地の変動が激しくない大陸の東側の半島に成長したことを限りなく誇りとしている。半島とその国土の「美的な均衡」に至っては、これはほとんど世界唯一の山川だといっても過言でない。山が高いので立派だとすれば、富士山（三千七百七十六メートル）よりも百八十二メートル高い新高山の下に英傑が輩出していただろうし、アフリカのキリマンジャロ（五千八百九十メートル）と北アメリカのマッキンリー山（六千二百メートル）と南米アルゼンチンのアコンカグァム山（七千四十メートル）などの諸山は、皆我が白頭山の上に白頭山を重ねたよりももっと高峻な山嶺であるが、その下から賢哲が生まれたという消息は聞かなかった。

むしろ、四億の民に仁義の道を教えてくれた東方の大教師孔子の故郷には、天下の名山である泰山があっても、その高さはわずか千四百五十メートルに過ぎないから、我が金剛山の毘盧峰に及ばないこと百八十八メートルである。世界的に哲学の揺籃《ようらん》であり芸術科学の本山であるギリシャ半島が、ホーマー、ソクラテス、プラトン、アリストテレス、アレクサンダー大王などを輩出するのには、二千五百メートル以上の巨岳を必要としなかった。

神の律法をモーセに下されたシナイ山は二千六百二メートルであり、救世主イエス・キリストが降誕されたベツレヘム近くには、我が北漢山（六百三十六メートル）より高い山が無く、遠くレバノン、ヘルモン山にしてもやっと我が白頭山ぐらいの高さであった。

世界で最も国民的自尊心の強い民としては、恐らくイギリス国民を第一に挙げる。その中でもより強いのはスコットランド人たちであり、彼らには先祖代々賢明な祖先と、彼らを生み出した故郷の山川に対する感謝の念と尊敬心が心の底に深く培われているためである。しかし、このように誇るスコットランド地域でも、一千四百三十四メートルのベンネビス山の主峰があるのみである。

アメリカのスコットランドと称するニュー・イングランド州（アパラチア山脈の東北端、丘陵地帯）は北米の代表的人物をほとんど独占的に輩出したが、そこはわが智異《ちいさん》山に勝る雄峯のそびえたつものなく、我が小白山系よりもさらに大きな谷間が幾重にも重なってはいない。

王者の揺籃《ようらん》と称する白頭山（二千七百四十四メートル）と蓋馬台地を形成した冠帽山（二千五百四十一メートル）、北白水山（二千五百二十二メートル）及び南海にそびえ立つ漢拏山（千九百五十メートル）とその間に際立つ妙香山（千九百九メートル）、智異山（千九百十五メートル）、金剛山（千六百三十八メートル）などの秀峰をもつ我らは、西大門外の独立門が貧弱なことを恥ずかしく思うことはあっても、半島の山岳が急峻なことを悔恨することはない。

まして、山の形状と平野の配列均衡の美を論ずるならば、巨匠レオナルド・ダ・ビンチの聖画に比べようか。ニューヨーク埠頭に高く突き立つ自由の女神の像に比べようか。狼林山の頂上に天に向って左腕を白頭山の向う側まで高く伸ばし、長山串の端まで右腕を挙げてなでるが如く、右脚の太白山は巨済まで曲げて上げ、左脚の小白山は珍島まで伸ばして踏みしめる様《さま》か。地溝帯は腰がくびれて、金剛山は胸に飾りをつけた女の装飾物のように身を覆った綾絹の薄物が東風になびいて緑色の平野を成したので、薄くて軽い。仙女が今や雲の上に上がろうとする姿態なのか、あるいは、自由の女神が大陸を頭上に載せて立とうと腰を伸ばす形象なのか見事なものである。

五、海岸線

東西南の三海岸中で東海岸が最も単調である。およそ構造線と平行した海岸となって屈曲もなく、島々も稀で、江原道の叢石亭と咸北道舞水端に奇勝はあるが、海運と漁業に有利な港湾は比較的貧弱である。だがこの貧弱であるということは、半島の南西二面に比べて比較的港湾が稀れというだけで、決して不良な海岸であるというのではない。咸鏡北道海岸には雄基、清津、城津などの諸港が散在する。最近、世間の話題をにぎわしている羅津港のような所は、わずかに人の手を加えることで一躍東洋有数の大港に変わるようになり、大満州の貨物を出入させる状況が、ちょうどアメリカの五大湖地方とニューヨーク港との関係を彷彿《ほうふつ》させる。

二、三年前、朝鮮窒素肥料会社の興南築港によって漁船十余隻を係留していた港が、間もなく咸鏡南道最大の貿易港に躍進するようになったのも記憶に新たなところである。このように多少の人工を加えて良港になりそうな所は今でも少なくはない。もし元山港に論及するならば、これは天然の巨港である。虎島半島に抱きかかえられた永興湾まで思い巡らすと、間違いなく大連に旅順を加えたものとよく似ている。もし元山港一つだけでもロシヤのような貧港国が所有したとすれば、必ずや世界の歴史が変わって書かれたであろうことを誰が否定し得ようか。この商業と軍事との双方を兼備した巨港がのんびりと東海岸にあるばかりで、松濤園の海水浴客と明沙十里の避暑客だけが年々歳々にぎわっているが、我らはこの良港を東海に造成された聖意を弁《わきま》えることができていないだけである。

西海岸には木浦、群山、仁川、鎮南浦、竜岩浦などの良港が距離も適当に並んでいる。その間には島々とリアス式海岸の小港のつながりが絶えず、原始的な航海期にも早くから海上交通に便利であった。さらに沿岸の斜面《こうばい》が緩やかなことと鴨緑江、大同江などの河口が漏斗状をなすことによって、以上の諸港とその後背地との水陸の連絡が円滑になっているのは東海岸の比ではない。海水の干満の差すなわち潮差も、東海岸の清津が〇・七メートル、元山が〇・八三なのに比べて顕著な差異があり、木浦が四・三三メートル、鎮南浦が六・二七メートル、仁川は世界でも名高く九・四一メートルの差を見せている。この潮差を利用して仁川の閘門式港湾と鎮南浦の開渠式港が設備されて、仁川湾の非常に大きな干満の差を発電動力に利用することも、ただ時機の問題が残っているだけである。

東海岸には島々が少なく、鬱陵島（七二・四九平方キロ）と馬養島（七・〇六平方キロ）の外に顕著なものがない反面、西海岸には珍島（三三〇・九平方キロ）、江華島（二九〇・五平方キロ）、安眠島（八六・六平方キロ）方身弥島（五二・八平方キロ）、慈恩島（五〇・二平方キロ）、白翎島（四六・九平方キロ）など、著しく大きいものの外にも独居群島、羅州群島、扶南群島などの多島海から鞍馬群島、古群山群島、外畑列島、格別飛列島などの島群が一個所に群れ集っている。

南海岸は半島の東西二海岸より優れているばかりでなく、その肢体率、すなわち、海岸直線距離で海岸屈曲延長距離を割った値いが大であることが世界に稀である。学者たちはこれを普通はリアス式海岸というが、この場合、特に「朝鮮式海岸」と命名した。

ぶどうの実にぶどうの実が連なるように、穂に又穂が下がるように、半島にまた半島が連なり、島にまた小島がつながるのが「朝鮮のエーゲ海」という別称をもった南海岸である。

朝鮮の山川を論ずる者は、金剛山の奇岩を賞讃し、白頭山の雄峰を感嘆して終わる。「百聞は一見にしかず」という言葉が通用するならば、それは正に朝鮮式リアス海岸の限りなき美しさを充分に表現できない代りに使うべき言葉である。「智者は海を愛する」との言葉が事実ならば、おおよそ智者を自称する者は閑山島の前の海に葉舟を浮かべ、出て行く路を捜して見るであろう。水陸の相対的な関係が時々刻々に流動してやまないこの多くの島岬の中で、帆を上げ櫓をこぎながら自分の知略を信頼できる者は、彼が狂者でなければ、不世出の知者であることを確信しても差支えないであろう。

もし、誰かが大英百科辞典によって高麗という項目を探して見るなら、そこには李舜臣と亀甲船の図解説明があろう。世界の人々をして朝鮮を記憶させるのは、多島海の無窮無尽の造化とその妙理を把握できる一人の丈夫《ますらお》がいたためである。三百年前、無数の敵船を討たなくても自ずから袋の中の鼠にしてしまったのもこの海岸であり、前世紀の初め、西洋人たちの探検船が迷宮に陥り、方向がわからず徘徊したのもこの多島海のことであった。

日本海軍がバルチック艦隊を迎え撃つまで、四ケ月余りを完全に世界の耳目を避けて隠れて準備をすることができたのも、この海岸に鎮海湾があったためであった。ましてや鎮海湾のような港は一つや二つだけではない。その数多い港湾が戦時の軍港になり、平時の漁港にもなり、知略に長じた者の錬磨場にもなってアルキメデス、ユークリット、クセノホンなどを輩出したギリシャの多島海の役割を果たしてきた。もしも半島の胴部と東西海岸がなくなり、小白山脈以南だけを長白山脈に連接しておくようなことになったとしても、この「朝鮮式リアス海岸」は地球上に不必要な存在として、単に侵食作用で削り取られるべき地形ではない。

要するに、三面の海岸線から見ても、国土に不満がないばかりでなく、この誇るべき海岸線は実際過分であると言えるほど、造物主が白衣族に恵みを施されたものだという外ない。南海岸の主要な島々を列記すると次のようである。

済州島千八百五十九平方キロ、巨済島三百八十九平方キロ、南海島三百平方キロなどの大きな島の外に楸子群島、蘆花群島、莞島、古今島、薪智島、青山島、助薬島、平日島、居金島、巨文島、内、外羅老島、金鰲島、突山島、蛇梁島、欲知島、弥勒島、閑山島、加徳島などである。

六、気候

大体北緯三十三度から四十三度にわたっては所謂、標準的温帯地方に位置している。しかし、大陸に連接して大陸性気候の影響が甚だしいのと、東海岸にリマン寒流が流れることによって外国の同緯度地域よりも比較的寒冷である。緯度では地中海岸に似ているが、地中海岸のイタリア、バルカン半島などではオリーブ、柑橘類などの亜熱帯的植物を栽培しているのに、我らは済州島南斜面でわずかな柑橘類を栽培する外に、半島全体はリンゴのような寒冷地の果実を栽培するのに適している。春秋が短く冬季が長過ぎるのが半島気候の短所といわれるが、結氷後の銀盤上でスケートをしながら意志を鍛練できるのは、寒い国の民にだけ許し与えられた格別な恩寵であると言えるだろう。まして、半島各地の一月の平均気温は次表のように、欧米文明諸国の人口稠密な大都市と相似て、朝鮮の気候は人間生活に不足がないことがわかるだろう。

地名	温度	都市
釜山	二・二度	パリ、京都と似ている。
大邱	一・五度	ベルリン（独）、ワシンントン（米）に似ている。
ソウル	（零下）四・五度	シカゴ（米）、北京（中）に似ている。
平壌	（零下）八・一度	モスクワ（ソ）より温暖、レニングラード（ソ）、あるいは札幌よりやや寒い。

降雨量が五百ミリから千四百ミリ前後に過ぎないので、日本の八百ミリから三千ミリに比べて不足なように思われるが、朝鮮の降雨量は全量の五割以上が農作期である六、七、八月ごろに集中しているので、よく利用すれば生産に不足はないと思う。降雨量が少ない傾向があったために、西欧諸国よりも二百年も先立って李朝初期（注・四代世宗の一四三〇年頃）に測雨器を作り、科学的に雨量を計算したという最初の栄誉を受けるようになったことは、我が祖先たちが災いを転じて福となすことにも凡庸でなかった証拠である。

　これに関連して、半島の空中に雲量の希薄なことがかえって天文学発達の原因となり、慶州と開城に瞻星台の旧き史蹟を残すようになったのも、我らの自慢の種である。晴天の多いことがその下に生きる民の心に反映して、もたらされた清い心が、どうして神を見るに有利とならないだろうか。このように考えて見ると、こうした国土に生を受けたことを感謝することはあっても、不満に思うことはないはずである。

気候と密接な関係のある産業に言及することが当然な順序であるが、今は朝鮮の自然的要素だけに着目しようとするので、人文的要素と関連のある産業の方面は省略する。

七、位置

自然地理上で最も重要な意義をもつ要素は位置であるから、位置を論ずることが直ちに結論に至ることになる。地球の表面を熱帯、温帯、寒帯の三帯に分ける時、寒帯にはほとんど人間の生活が不可能であり、熱帯では住民の知能の発育を期待することがほとんど望みなく、温帯地方でなければ充分に文化の開発が見られないということは、世界地図の彩色がこれを証明するところである。我が半島は北緯三十三度から四十三度までにわたり、温帯中でも標準的温帯地域に位置しているのは限りない幸福である。また、南半球よりも北半球の人間生活の適地に位置するということは、二重の幸運だという外ない。

謂わば朝鮮は極東の中心である。心臓である。このように地理的に中心的な位置にあることは、人の力では左右できない役割を胚胎《はいたい》していることを意味するであろう。イギリスが今日のように隆盛したのは、陸半球の中心に位置したことがその最も大きな理由の一つであったことは地理学者の定説である。大阪市が政治的中心の推移にかかわらず、幾百年間日本経済界の女王のような地位を保持してきたことは、その位置によるところが大である。このような例は枚挙し難いほど散在している。ただ中心的位置だというよりも半島として一つの世界、一つの時代の心臓としての役割をした例を、朝鮮半島と相似形の類例二、三を挙げると次のようである。

(1) ギリシャ半島

人類の歴史がエジプト、バビロン、アッシリアなどの原始的巨大な国家生活から、ローマ帝国の如き組織的であり近代的な新しい生活様式に変革せんとする時、ギリシャ半島は前代のすべての優秀な遺産を総合して、後代に展開できるすべての条件を備えていたのである。紀元前第四・五世紀ごろ燦爛《さんらん》たる独特な文化を世界史上に大書していったギリシャ半島は、半島ということ、山岳が多く平野が少ないこと、北緯三、四十度前後に位置したことなども我が朝鮮とよく似ている点であるが、その半島にまた半島がつながって港湾の屈曲が甚だしいのと、千万の大小の島群に岬の端が連なって、大陸なのか島々なのか分別し難い多島海をなす光景は、我が国の半島の南端と全く一致するところである。

その上、東方諸国の大勢力が地中海西南に伸張する時、必ずやこの半島を経て行った。ローマの軍隊が小アジアの対岸を征服せんとするや、まず、その馬蹄《ばてい》の音がこの半島に聞こえてきた。北方の白熊のようなロシアが足の生《なま》づめで食物を求めて木の根元を掘り、足を突っこもうとしたのもこの半島だった。これさえも（古今を通して国際政局の休火山ということ）二つの半島の運命が同じであった。それ故にギリシャ半島に同情する者があれば、それは朝鮮半島である。ギリシャ半島に誇るべきものがあれば、我が国の半島にもそれがあるであろう。

(2) イタリア半島

イタリア半島が朝鮮半島と相似ていることは学者

の説明を待たなくとも、世界地図を一覧すれば充分知り得る。幅が狭く、長さが長く半島全体の形相の点とか面積、そして、緯度でも大同小異である。地中海の中央に突出して、一、二世紀を以て絶頂に達していたローマ帝国の威力と今日までの三千年間の文明を継承できたのは、その位置が地中海の心臓部にあって、強い時に周囲を支配するに便利であったからである。そればかりか、衰弱した時にも安逸の午睡を貪《むさぼ》ることを許さない舞台となった。これも我が国の半島と合致した点である。

キリスト世紀の初め、地中海文明の爛熟《らんじゅく》期に遭遇した世界政局から見て、イタリア半島はギリシャよりもっと中心的位置にあった。それに加えて、ロンバルシア平原のような富源を背後に備えていたことが前者と後者の事業に大小があり、役割の性質を異にした理由であった。だが、ギリシャはギリシヤとして崇高であったし、ローマはローマとして強大であった。ギリシャ半島はギリシャを産出した美人であり、アペニン半島はローマ帝国を養育した賢母であった。女は子を身ごもることによって罪を免れるというが、女は自ら産んだ子によって美化、聖化されるようだ。その師にその弟子がいるならば、その母にその子がいなくてはならない。

おおよそ、ギリシャ芸術とローマの制度が如何なるものであるかを知る者は、この二つの半島の美を見るべきである。この二つの半島の地理学的美を知るならば、この二つの半島の産出した文化がそれぞれその母の嫡子であることを納得するであろう。地球上で最も美しい半島二つを探せというならば、ためらわずにギリシャ、イタリアの二半島を指折り数えるというのはそれなりの理由がある。

ただ人間の欲望を許容するならば、イタリア半島の南端にタラント湾一つが格好悪く曲がっているだけで、足以外の肢体を欠いて、所謂、長ぐつ形という別名を全半島に与えるようになったのは、この半島の末端が結ばれずにできたことに起因した恨みがある。もしアペニン半島とカラブリア半島と切り離して、そこにギリシャ半島を切り取って来て連結するならば、これは虎に羽を付けた格好になり、地球上ではこれ以上に理想的な地形を想像することができないであろう。そして、それが実現した所こそ朝鮮半島である。疑い、いぶかる人は世界地図でギリシャ、エーゲ海を切り取ってイタリヤ南端に連結させ、我が半島と対照してみよ。

（3）デンマーク半島

ユトランド半島の面積は朝鮮の面積の六分の一よりも少し大きいだけで、五分の一よりは少し小さい。その中に山岳といっても海抜二百メートルを越えるものは稀である。漢陽城の南山（二百六十五メートル）を運び入れたとすれば、デンマーク国の白頭山の役割を果たし得るだろう。今はこの半島が農業と畜産の模範国として全世界の注視するところとなった。十二、三世紀にはスカンジナビア半島のスウェーデン、ノールウェーはもちろん、バルチック海岸のドイツ、ロシア諸国と北海に面したイギリス、フランス諸国までもデンマークの威風になびかざるを得なかった。これはその位置が西北欧州の中心に突出しているのが、あたかもアペニン半島が地中海に、朝鮮半島が東海に臨んだのとよく似たその自然地理的位置に原因することが大きな理由である。今はたとえ往時の政治的威力を喪失したとはいえ、霊界の丈夫《ますらお》であるキェルケゴールの郷土である名誉を保持して、最近半世紀以来世界を驚かせた産業の発展の裏には、福音主義の新教的信仰が基盤となっているという。

結論

上述したように、地理的単元から見ても、その面積と人口から見ても、山岳と海岸線の地勢から見ても、その上に天の恵みとして与えられた気候から見ても、歴史の一つの局面、あるいは一つの舞台の中心的位置に置かれたその推移から見ても、朝鮮の地理的要素に関する限りでは、我らは不平を言うよりは満足と感謝を表わさざるを得ない。これは充分に一民族を扶養できるほどの国土であり、充分に人類史上で大なる貢献ができるほどの活きた舞台である。

しかし、朝鮮の過去の歴史と現状を通観した人は誰しも、その地理的位置が悪かったことを痛嘆してやまない。黄海が大西洋ほど広かったり、鴨緑江の岸にアルプス山脈のような高峻な連峰が取囲んでいるとすれば、そして、また朝鮮海峡が太平洋ほど広かったとしたら、我が朝鮮国はもう少し泰平であったろうにと。しかし、そうではなかったので中、日、露三大勢力が介在して左右に衝突する形勢に、五千年の歴史は一日として安らかな日を過ごすことがなかった。そのことを聞く者としては、我が朝鮮国の置かれている地勢の悪さに、つい同情の涙を禁じ得ないのである。

しかし、これは弱者の悲鳴であることを免れない。弱者が単に泰平を求めて身を避けようとすれば、天下に安全な所などどこにもない。南米ペルーに先住していたインディアン族の首都クスコは、我が白頭山よりはるかに高い所にあったが、スペイン人の残酷な侵略を避けられなかったし、チベットは海抜四千メートル以上の高原に秘蔵された国であったが、天下最高のヒマラヤ山脈も、この神秘国をしてイギリス人の蚕食を避ける防壁にはなり得なかった。

それ故に我らは悟る――卑怯者に安全な所はなく、勇者には不安な地がないと。鮮魚を釣ろうとすれば水辺に行くべきであり、虎を捕えようとすれば虎穴に入らねばならない。朝鮮歴史に安らかな日がなかったというのは、何よりもこの半島が東洋の政局の中心であることを如実に立証しているのである。退いて隠遁《いんとん》するには不安な所だが、打って出て活躍するにはこれほどの所はまたとない。この半島が危険だというならば、我が民をカムチャッカ半島かグリーンランド島の氷の下に冷蔵しておく外にない。現世的に、物質的に、政治的に考察する時、朝鮮半島に地理的欠陥、先天的欠陥はないものと確信する。ただ問題はそこに住む民の素質、胆力如何が重要な条件になると思う。

もし視線を巡らして我が朝鮮人が目を精神的所産に向け、霊的生産の把握に向かうならば、半島には特異な希望があると言えよう。ユダヤ民族はバビロン、ペルシヤ、エジプト、アッシリヤなどの強大な勢力が交錯する中で対処してきた。自然界の砂漠、峻嶺、寒熱、猛獣などの影響以外に、国家の興亡盛衰につれて海水の干満のように流動して常ならない世界歴史の舞台で、ユダヤ民族が異邦の自然崇拝の迷信に陥らないで、よく唯一神教の健全な信仰を把持してきたように、半島の民が過去五千年の歴史を静かに考えるならば、安全な民、強大な国民になることが到底できないことを悟ることだろう。

他の思想とか発明については知らないが、至高な思想、すなわち、神の経綸に関する思想だけは、特に貧弱で蔑視《べっし》され踏みにじられ、生来の高慢の根までもぎ取られた者にだけが啓示されるようだ。イスラエルの民に福音が委託されるために、神は彼らからあらゆるものを奪い取り、あらゆる恥辱を担わせられた。ただ今、隣国に正しき事を見れなくなる時、清い心をこの民に期待された方の要求が何であるかを静かに考えようではないか。

また、一般文化から見ても、東方古代文明が欧米諸国に西漸を始めた時、ギリシャ文明の独特な花が燦然《さんぜん》と咲き開いた。そのように、インド、西域文明が東漸した時、桟橋のような朝鮮半島で異彩ある文化が出現してこそ東に光明が伝えられるのである。しかるに、今はむしろ太平洋を渡ってきた文化の潮流が、太白山と小白山の渓谷を逆のぼって白頭山の麓にまで浸潤したから、西からと東からの高度な文明がこの地で合流して、この半島が暗黒状態でありえない立場に置かれた。たしかに、東洋のあらゆる苦難がこの土地に集中したのであったが、その分、東洋で産出されるべき所の何らかの高貴な思想、東半球の五千年の総量を大溶鉱炉で溶かし出したエキスを、我が朝鮮人は必ずやこの半島で見い出すことであろう。

（一九三四年三月　六二号）

教育

教師の心境の変化

教師になりたての頃、教壇に立つ時に私は、生徒が善良な生徒と不良な生徒とにはっきり分かれて見えた。そして、善良な生徒がかわいく見える反面、不良な生徒は甚だ憎ったらしく見えた。しかし、今日この頃になってみると、善良な生徒と不良な生徒の違いが消えて、皆一様にかわいく見え愛らしく見えてきた。教えるよりもまず撫でてやりたくなり、今、初めて教師の資格ができたというべきであろうか。または、今は既に教師の資格を失ったというべきなのか。私には自ら判断し難いが、生徒を審く態度が消えて、同情憐愍《れんびん》の情だけが湧き出るようになった変化は隠せない。

教師の初期の頃には、不良生徒を即刻追い出すのが善良な生徒のための道であり教育愛である云々の理論が無くはなかったが、今となっては、教えられない人間というのは存在しない。これは社会と生徒の質が向上したためか。または、私の判断力が向上したためかはまだ定かではないが、心中に変化が起こったことだけは事実である。所謂《いわゆる》不良少年、どうしようもない問題児たちの中から、内なる人、真実の人を発見する時の喜びに比べれば、善良な生徒の教育はむしろ無味乾燥なものと言える。私が本当に文字通り罪人の頭であるならば、自分よりもっとひどい罪人がどこにいるというのであろうか。

教師になりたての頃には、教師の学識の軽重を試めすかのような生徒たちの質問は、教師である私を甚だ激怒させたものである。しかし、教師生活十余年にして徹底的に悟ったことは、自分の無知であることを自ずから認識したことである。教師として知るべきことの十分の一、万分の一も知らない者であることを深刻に悟ったから、今は無知を理由に、どんな少年からであれ、いかに意地悪な質問をされたとしても憤慨する気力が消えてしまい、質問を制限しなくなった。ただ知っている事は知っていると、知らない事は知らないと答えるだけである。こんなことが教師としてあっていいものかどうか分からないが、私の内心は極めて安らかである。

　教師になりたての頃には、生徒たちが自分に敬意を表するかしないかが大層気に掛かったが、今は全く無頓着である。『聖書朝鮮』を発行するために受ける不当なすべての恥辱を考えると、生徒の無礼と冷遇ぐらいはむしろ可愛いものである。イエスを信ずるため既に受けた恥とこれから受けるだろう侮辱を考えると、物心つかない少年達の悪戯《いたずら》ぐらいは問題になり得ない。

　それに考えようによっては、冷遇される資格をもった人間がいるとすれば、それは教師であり、とりわけ自分自身であると言わざるを得ない。人の尊敬を期待しようなど、自分をわきまえないこと甚だしいと考えるようになったからである。こんな考えは教師道から外れた事なのか分からないが、心境の変化であることだけは事実である。

（一九三九年三月　一二二号）

養正高等普通学校の十年

感謝の辞《ことば》（謝恩記念品贈呈文）(注)

鼻水を垂れつつ此の場に立って、養正高等普通学校への入学を喜んだのも早《はや》五年の昔のことなり、今や卒業式の為にこの場に臨みぬ。

以前は入学を悦びしも、今は卒業を喜びつつ相別るることを惜しむ。されど会者定離。行くものをして止まらせざれ、我等は喜びを以って、悲しみの情を消し去るべし。

さらば何を得て悦び居るや。且つ卒業に臨み、その師に如何なる感謝の辞を捧ぐるや。

以下数言を以つて、過去五年間が我等にとりて有意義なりしを証明し、併せて我が恩師への感謝の辞とせん。

信義！　他より信頼される人間たれ！と我が師の叫ばれしは、実に我等が第一学年の夏休みを迎えるの日なりき。先生は己が小児たりし日に母君に対して信義を破りたる事ありしを懺悔し、以って教場にてハンカチを濡らし給いぬ。我等はそれを目撃せし！　ああ、その日以来、心に確と持ちて放さず且つ努め居るは、実に信義ある人間たらんとのことなり。信義！　これありて人間はいずこにあっても天国たらん！平和郷たらざらんや！

先生よ！　我等は凡て信義のために命を賭せんと覚悟するなり。願わくば御放念されんことを！

Boys be ambitious!　と。日常教えられたる教訓。遠大なる大志なきところに滅亡が存するのみ。須らく大局に目を開けよ！　と。嗚呼、青年よ、汝の大志を遠大にと。我等は心中に叫びつつ世を渡らんのみ。

友愛は永遠なるものなりと。入学の日からすぐる数日前まで　先生はこれを叫びしに非ずや。友は第二の我なり。良友を発見せよ！　知己を見出せ。そのためには汝自らが相手の忠実なる友人たれ！　これぞ良友を得るの唯一の方途なると。我等は永久にこの教えを守りつつ良友を得んと努め、且つ、過去五年間の各々の友愛を増さんと励みたり。

　願わくば師よ！　我等の友愛の永続を祈って下さらんことを。

義！　この一字、何ぞ我等の肺腑をつくこと甚だしき。先生は嘗て鄭夢周（注・高麗末期の文臣・学者）の肖像の前に佇《たたず》んで泣きたりきと云われしに非ずや。何故先生は泣かれしか。蓋《けだ》し鄭先生が善竹橋に流したる血痕は義の権化なればなるべし。嗚呼！　我が師の義を愛されしことよ！　先生はまた云われたり。「我等は不義をもって義に勝たんとするものをアブホー（abhor ＝嫌悪）せざるべからず」と。嗚呼この言やバイブルに源を発すと言い、我等が処世の方針とすべきなり。我が師よ須らく安心せらるべし。我等は此の教訓を守るべければなり。

宇宙　その広大無辺なるを教え、且つ、それに人間界の諸現象を比較させて苦笑せられたる師よ！　師のこの教訓に依り、我等は我が同胞はもとより、敵をも愛すべきを悟れり。この訓戒に依りて、我等が人生観は百八十度の転換をなせるを知る。仰いで天空を望めば日月かかり星辰到ると。

　述べることに限りあらんや。この辺にて打ち切らんことこそ、かえって先生の尊厳を高むの所以《ゆえん》なるべしと知る。

　我等今、茲に謝恩の微誠を表わさんとして粗品を贈呈せんとす。されど師の恩を謝するの行為これにて尽きんや。師の恩を謝する道は他に唯一つあるのみ。何ぞや。曰く「過去五年間の教訓を実行すること」これなり。

師よ！　この粗品を受け取らるべし。而して、我等が師の教訓を守り得たるの便りを聞かば、大いに悦ばれたし。

我が師の上に祝福あれ！　以上を以て感謝の辞に代《か》う。

（養正高等普通学校　第二十二回卒業式

甲組代表　朗読）

（注）「感謝の辞」は日本文。一九三八年、第三次朝鮮教育令により、朝鮮語は随意科目になり、実質的に廃止されたが、その年の卒業式で早くも卒業生が、日本語で書いて朗読されたものである。（監修者）

十年一日の如しといえばよい意味もあるだろうが、一日のようだということには単調と沈滞、そして姑息も無くはない。十回の卒業式に列席しても、十度が一度のようだ。機械で回したようであり、判で押したようである。矢内原忠雄氏が痛嘆したように、昔の卒業式にはそれがたとい田舎の小さな小学校であっても、校長先生の熱烈な訓話に答えて、卒業する者さらに気を引き締めてこぶしで涙を拭き、国家と人類のために意気投合する場面があったが、今日では感激がないばかりか、むしろ禁物になっている。そして、受験戦線と就職戦線を眺めながら、ガタガタ震えているのがその全部である。ところで、以上の「感謝の辞」が朗読された時、珍しいものを聞いて感激を禁じ得なかった。

現代に欠けているものの中で最大のものは「教訓」の品切れである。確固とした信念をもって教訓を与える人がいない。小学校と中学校にいないだけでなく、専門、大学の教授にも見られない。我が朝鮮だけでなく世界列強が皆そうである。アメリカのシカゴ大学のような世界的な大学でさえその欠乏を感じて、やむをえず末席にいる植物学教授のコーチ博士に、卒業式の訓話という重い任務を長い間お願いしてきたのである。ところが、今回、我らは教えた生徒の口を通して、人生の根本道義の訓話を聞くことができたのである。

　気概世を蓋《おお》うといえば山を抜く力を連想するのだが、道義に立脚する確固とした信念を背景とした言葉は教え子のものであっても、正に気概世を蓋《おお》うである。満場粛然！　いかなる理由によるものか。数枚の便箋《びんせん》を朗読するに、その決死的な意気込み！私が最初に担任した五ヵ年を終った日、辞表を提出して教育惨敗の事実を校長に謝ったが、次に担任した五ヵ年の結末に際しても、別の意味での同様な感懐が無からざるを得ない。ただこの謝辞を聞いて、十年間の疲労が消えただけでなく、教育界から何時退却するとしても、遺憾とか未練は微塵も残らない。

（一九三八年四月　一一一号）

教育の苦悶

〈卒業後の第一信〉

〈前略〉今やっとペンを執るようになったのは遅い感がないでもありませんが、実は、今日若干でも記してお知らせ申し上げるに至った動機は、卒業の日に感じたこと幾つかを先生に申し上げてみたかったからであります。

突然に単刀直入にこう申し上げればお笑いにならられることでしょうが、先生が教育家となられたことは大成功であったことを切実に感じさせられました。おそらく、昨年度の総決算においてはなおさら朝鮮人の常識では考えられませんが、先生ほど大成功された方は幾人もいないだろうと信じられました。いや、先生ほどの収穫を挙げられた方は他にいらっしゃらないものと思うところであります。

漠然と自分の脳裏に打ち刻まれていた先生が教えられた数多い教訓が、〇〇〇君のはっきりした口調で明朗にして力強い〈感謝のことば〉の文言が、厳粛なる空気の中で自分の鼓膜に響いたその瞬間瞬間、自分としては今まで持てなかった厳粛な態度をもって、先生の教えが偉大であったなと感じつつ、感激の涙が私の頬を濡らしました。

K君の文言にも感服しましたが、彼をしてそのように感動させた先生の教育指導を感謝する思いが、新たにいろいろの感情と合わさって湧き上がって来ました。本当にK君の言葉を聞いていると、先生が私達を前にして、熱誠込めて諭《さと》された場面場面がありありと目の前に走馬灯のようにはっきり現われ、漠然と脳裏に隠されていたものが、明確に整理されてゆくのを覚え、大きな心臓の鼓動を静かに感じたのであります。そしてK君だけでなく、彼のような先生直系の弟子達がどんなに多いかを目のあたりにしました。

私と一緒に五年間、クラスで何時も先生に心配ばかりかけた不肖の弟子がいたとしても、これは今日の結果において、先生の精神の遺産を継承した弟子たちの偉大な力で補って余りがあるだろうと考えた次第であります。彼らはそれぞれが、皆、意志剛健、思想堅固にして前途有望な青年なので、後日一旦緩急の際には皆が先生の精神の下に大きな塊りとなってその動く所、影響される結果がいかほど盛んで偉大であろうかとまで考えが及びます。まことに先生こそはこの世で真の霊的富豪であることを知った次第です。このように立派で偉大な先生の一門に連なる歴史をもち得た自分自身もどれほど幸福であるかを感じながら、独りでうれしくピョンピョンと跳びまわりそうであります。

過去には不敏であったこの私を、愛する心で憐れに思って下さり、これからも多くの指導鞭撻を惜しむことなく与えられるものと信じます。望むらくは卒業式の日にK君が贈った〈感謝のことば〉が後に『聖書朝鮮』誌に載せられれば、これを懐の中に入れて、生涯生きてゆく処世の道とし、先生が教えて下さった教訓を一層思い起こす一つのよすがにしたいと考えております。ただ我ら同窓生だけでなく、広く朝鮮全道に広がって、これを読む人の生きてゆく上での大きな指標となるようにと願っています。

孔子様もその弟子達が、自分の先生の師が語り行なわれた事を記録して万世の教訓である「論語」としました。イエス・キリストもその聖なる行跡が新約聖書を成したのと等しく、K君が朗読したこの〈感謝のことば〉も、そのようなものに匹敵するようになればと思います。これだけでなく、後に機会があれば、先生の弟子の中からこれより更によい文書を残す者が現われるかも知れないことと思います。先生がK君の〈感謝の辞〉を雑誌に載せて下されば、他の号は購読できなくても、その号だけは数部入手して親友達にも紹介しようと思います

長時間お読み下さいまして貴重な時間を費やさせてしまい、恐縮千万に存じます。主の恩恵の中で先生の健康を祈願致し、卒業後の第一信としてこの手紙をお送りいたします。

（一九三八年）戌寅年三月十日夜八時

門下生　○　○　○　啓上

右の「第一信」は、卒業した生徒が教師に送った私信である。子女が父母に対する感懐と同様に、生徒が教師に対する感懐には必ず過分の賛辞が混じるのが常であるから、右の文を読む人はこの点あらかじめ寛恕されたし。

ここに注意しておくべきことは、キリスト者として「先生の弟子」という言葉である。最初の担任五年間の教育に惨敗を自ずから認識したというのは、主にこの点を言ったのである。

最初の担任の時にも、瞳まで抜きとってやりたいほどの生徒が全く無かったわけではないが、同じ学級内に対立する思想の派閥が顕著であった。当時は唯物論、過激思想の余波がまだやむことを知らぬ時であった。だから、精神だとか、霊魂だとか、道義だとか、信仰だとかいうものに向かっては、甚だしい憎悪の矢が何時も向けられていた。

第二の五カ年間の教育が発足した時、最も心を傾けたことは「一視同仁」と言おうか、誰かれなく全く同様に教え、等しく徹底してやって見ようと決心

した。ところが結果はまた同様だった。結局、キリスト者としての「先生の弟子」とそうでない生徒がはっきりと分かれてしまった。考えれば考えるほど残念なことであり、概嘆すべきことであり、恥ずかしき極みである。

時に、我らの目はイエスに向かう。十二使徒中にユダが現われるのを防ぎ得なかったし、行く先々で信じ従う者よりも、逆らう律法学者とパリサイ人により多く出会われた主イエスを仰ぎ見る時、我らは失望の谷から希望の山頂に登る。たしかに「弟子は先生以上の者でない」と。我らは行く先々で八方美人の君子となり得ず、むしろ、こよなく愛する少数者と、熱烈に排撃する多数者が明らかに対立するに至ることは、どう見ても主イエスの影響であると思う。

（一九三八年四月　一一一号）

卒業生へ

中学程度の卒業だけでは学業が完結しないのは今さら言う必要もないが、専門学校や大学を卒業する人も決して学業が完結した者でないことを知るべきだ。今ようやく辞典の調べ方を習得し、参考書籍の手引を得て実物作成の製図法を習ったに過ぎないことをはっきりと認識して、今から本当の学業に出発せよ。

日曜日の聖別のことは論ずるに及ばない。その他にも一週間六日の中、一日または二日の夕方ぐらいを、以後の普段の生活から聖別することを実践して見よ。今まで学校に出席した時間は、家事にも参加しなかったし、友達にも会えなかったし、好きであれ嫌いであれ勉強する外なかったように、少なくとも一週間の中の一日または二日の夕方の時間を、世俗から完全に隔離してしまう訓練をせよ、ということである。

インドには、生涯、毎月曜日をもの言わぬ日（無言の日）として守ってきた老人が居たというから、夕方の時間を聖別するぐらいは全く無理な計画ではないだろう。そして、この貴重な時間こそ、特別に真の生命の保養のために使うべきだ。

単独ででもよいが、できれば二、三人の友人が集まって、「素人」同士で聖書の研究を始めよ。適当な友人の居ないことを嘆かず、無ければ友人を作れ。幾ら立派な教会に属し、高名な教師の講義を聞いたとしても、自ら聖書の本文を読み、そこから真の生命と霊の糧を限り無く汲んで飲まなければ、彼はまだ自立した信者にはなり得ていない。その言葉は自然と交わり風流三昧にふけることに過ぎず、そのささげる祈祷は模倣以外の何ものでもない。だから、身を以て自ら聖書の本文と格闘せよ。文意を解し興味が起こるように研究せよ。

一つの専攻と一つの趣味を選べ。専攻とは一人一事の研究である。農科出身は農科の一小部門を、工科出身は工科の一小部門を、医・法・文科などはやはり同様に一小部門ずつを研究して十年、二十年後には、その小部門に関しては第一人者となることを目指しながら、「長期戦」に出発することである。

趣味は専攻する学科以外の部門に相当する分野について造詣を深めることである。例えば法律と政治で一生を終わった大統領リンカーンはシェークスピアを好んで読んだ。実業家の渋沢栄一子爵が「片手にそろばん、片手に論語」との逸話を遺すほど論語を手放さなかったように、専攻や職業の如何を問わず、万古不朽の大文学、又は大哲学を一つずつ選んでよく通じよというのである。

信仰を軽率に鼻にかけて世渡りするな。ただ当面する初めての試みに直面した時には、キリスト信者であることを明白に告白せよ。始めに勝って置けば、次からは非常に容易になるものだから。さらに若き信仰の勇者たちよ、どうか勇敢なれ、そして勝利せよ。

しかし、我らはこんな文字を公表することをいまだためらう。「いまだ」というのは識見から見ても年齢から見ても「老大家」然と処し、また、「説法然」とした言葉を使うのは性に合わないためである。

ところで、我が聖書研究会会員と『聖書朝鮮』誌の読者の中に今春卒業する人は、中学、専門学校、大学などで相当な数にのぼった。それで私はある人たちには集まった公の席で、ある人たちには膝を交えた私席で、人によって時間によって色々と送別の言葉を贈った。その中のある人は次のような手紙を予め送ってきた上で、卒業式場に行く途中立ち寄った人もいた。

……小生は卒業成績発表も終わり、用事も皆済ませたので、こちらの友人の家に遊びに来ています。しかし二十五日が卒業式なので、二十四日には帰省するつもりです。就きまして申し上げることは、今般小生が学業を終えて社会に出るに当たり、自分なりに希望と抱負が無いのではありませんが、誘惑に対して不安と恐怖を感ずること少なくありません。願わくば、社会生活の一歩を踏み出す小生のために、どうか祈祷と訓戒の時間をさいて応対して下さい。二十五日の朝九時ごろ先生のお宅に伺います。敬具

三月二十二日　○○○　上書

大学総長の訓話を聞く前にこの北漢山麓まで汗を流して訪ねて来たが、時間が差し迫って言いたいことも言い尽せずに別れることになった。

訪ねて来る人達の誠意には大小とか軽重とかがあるはずは全く無いのであるが、このように時間が足りなかったり、あるいは不在中に寄って行くとか、

あるいはこの人に言ったことを、あの人には教えてやれないこともあった。これらのことがあって、私は卒業生に一種の返済できない負債を感ずるようになったのである。

有り体《てい》に告白すれば、卒業を慶賀する意味で何か記念品でも一つずつ贈ろうと、書籍にしようかネクタイにしようかと思いながら、決め兼ねている中に一人二人と地方に散って行く人も出てしまい、他方、卒業する者の数も次第に増えて差別待遇もできず、均しく実行し難いジレンマに陥って「負債感」だけが重く加わってしまった。

それでも個人的な話は個人的話だけにそのままにしておき、訓話調の文章は書かないことにしたのだが、四月下旬に至って、卒業生たちの「初穂」という最初の収入の一部が振替によって舞い込んで来るので、私はとうとう自分の頑《かたく》なさを捨てざるを得なかった。このようなことは自分の望むところではないが、卒業生たちに贈った言葉の概要を整理して一様に知らせると同時に、記憶に便利なように印刷してやる以外に、彼らの真の誠意と大きな愛に答える方法が無いからだ。読む人はこれらのことを広くご推察下さらんことを。

（一九四一年五月　一四八号）

最大の偶像

学校教育によって、善人を養成できないことは世間の周知する事実である。今や「彼らの言うところは行い守れ。しかし彼らの行為はならうな」（マタイ二三・三）と言わない父兄はいない。また、数年前までは一種の投資の積りで卒業後の就職を期待して学校にやることもあったが、それが収支が合わない投資であったことは、昨今の就職難で判明した。即ち、人格養成から見ても就職条件から見ても、現代の学校教育というものがそれほど期待できないことは明らかである。

それにもかかわらず、学校教育は現代人にとっては最大の偶像である。未信者だけでなく篤信者でも同じである。人間万事を分に応じて行うべきはもちろんである。「布団の長さを見て足を伸ばせ」（注・立場や状況を見ながら、慎重に進退を決する、つまり、身の丈に合った生き方をせよ、という意）ということは東洋・西洋に共通した諺《ことわざ》である。しかし、子女教育に限ってのみ、布団が短くても足の長さだけ伸ばしたく思う。

昔、我らの先祖たちの世界にあった比類のない祖先崇拝の熱誠は、今や「子孫崇拝」の形態に変った。先祖の墳墓のために惜しむことのなかった心情で、最後の一坪の田畑まで売ってでも学用品、後援会費まで合わせて普通学校（注・朝鮮における小学校の名称）で五拾余円、中等学校で百余円、専門大学校で数百円ずつ四月一日に納付するのをためらわない。ここに教育のための破産が起こる。

簡易生活は人々が望むところだが、年々増加する教育費を支払うためには収入の増加を図らねばならない。急速に膨張する支出に比べて収入が伴わない時に、人間の悲劇が始まる。即ち、そのためには意に添わぬ職務も甘受すべきだと言い、かつ昇進のための運動も恥とせず、ついには不正行為によってでも目的を達しようとする時など、教育のための非教育的な生活がここに胚胎《はいたい》する。

体を張って公職に服務することを「忠」と称えるのだが、子女教育のために都会へ転任する時、その変わり身の様子があたかも遊女の変節を彷彿させるとしても、学校教育のためだとすれば自他が互いに容認しようとする。「悪魔は都会を建設し、神は田舎を建設する」といって、農村振興が急迫していると叫ぶ先覚者がいるが、農民を募集しようとしてソウルで農民修養会を開催せねばならない状況だから、教育の悲哀がなからざるを得ない。平素、厳正公明であった人も、子女の入学試験には恥知らずになり、特別の頼み込みも試みるのであるから。その父にしてその子であるので、入学後には不正行為をしてでも進級しようと画作する。

一度問題が学校教育に及ぶと、老人も若者も賢愚に関係なくさまざまな意見を口にする。そんなにしてでも学校教育の結果に何らかの得るところがあるとすれば、今日の学校教育は受ければ受ける程その生活水準が高くなる他に何が残るのか。絶対なる信頼の的となりながら、人眼教育の面で何らの実効もないものを「偶像」というのである。現代のように教育が偶像化した時、「事を行って余力があれば学問をせよ」との孔子の教えを深く反省するべきだろう。

（一九三四年五月　六四号）

学校教育に関する不満

私は四、五歳になった時に千字文を教わっているから、幼くして漢字にほとんど精通して、新聞紙面に記載された文字も拾い読みできるようになった。自分の子供もそうしようと思ったが、余り幼い頃から教えるのはむしろ心身を害すると思い中止して、幼稚園にも通わせず、八歳になってから普通学校（注・朝鮮における小学校の名称）に入れた。もちろん入学試験にパスした。メンタルテストでも普通の素質があると認められたので、入学できたのである。

ところが入学後、子供は段々成績が悪くなって行き、二年生になってからは何が何やらわけも分からずに学校に通っている。教師は家庭訪問に来て、「お宅の子は成績が悪いので、家庭でよく教えて下さい」と特別に注意して帰って行ったという。

我が子は天才ではなくても低能児《ママ》でないこと、すなわち、普通の水準にあることを確信している故に余りのことなので、色々と調べてわかったことは、第一に一年半の間にその教師が妊娠中だ、病気だといって欠勤した日が半分になりそうなこと（教師の欠勤中は二年生に一年生が教わっていたこと、そして、一年生がしくじると、二年生の組長が罰として一年生を立たせる実権を行使した）、校長も教頭も栄転したのだが、我が子の担任の先生は、今日は誰なのか記憶し難いほどに何回か変わったこと。児童が自ら学習するという美名の下に教師はなすべきことをせず怠けて、もちろん個別的に秀才教育も試みないと同時に、全体的に成績の悪い子を教え導く努力もせず、ただ放任している以外何もしていなかった。

加えて、学校は家庭に対し何や彼《か》やと注文しようとし、監督しようという状況である。それ故、これまでこちら側の至らなかったものとばかり反省していたが、最近、同病相憐れむ父兄たちの訴えをよく聞く。某氏は言った。普通学校に入学させてから一ヵ月目に、教師が家庭訪問に来て「お宅の子は何も知らないから、少し家で勉強を教えてから学校に通わせなさい」と言って帰った、と。また入学当時、後援会費十円ずつを納めなかったとて入学許可を取り消すとかしないとかでひと騒動あったという。学校は金を受け取るだけで、教えることは家庭でせよというのだろうか。

今の学校教育は秀才ならそのままついて行けるだろうが、普通の人はついて行くのが難しい。今年度の普通学校四年生の夏休みの宿題の本を見ても、四年生の実力だけでは答え難いところが多くて、私でも全部答えるのは難しいほどだ。どうしても家庭教師がいなければやっていけないようになっている。そうでなくても学校教育ほど金がかかり、経済生活を圧迫するものはないのに、その上にまた家庭教師まで雇えというのか。

去る一学期の間は子供の勉強を助けてやるのに、約三ヵ月間外出も自由にできませんでしたと訴える人がいた。しかし、これは特別な一人の言い分ではない。今日の学校教育には家庭教師が必要になった。金が無くて家庭教師を付けられない者と、また、仕事があって忙しくて自ら家庭教師の役を果たせない者は、必ず学校教育に対して再検討してみる必要に迫られた。水槽に入れて芋を洗うようにやっている量産的な学校教育がその幕を閉じて、今や在来の書堂（注・寺子屋のようなもの）と訓長（注・書堂の教師）を再び求めるべき気運が成熟したのだ。感謝すべきかな。人間教育にだけは量産は許されないのだ。霊魂はそれほどに貴いのである。

（一九三四年九月　六八号）

教育と宗教

慶祝すべきことであるか否かはまだわからないが、毎年新学年を迎えると、朝鮮に教育熱が盛んになる事実を看過できない。その熱誠の結果として、年々歳々入学難が叫ばれるようになった。、その一例を挙げると、養正高等普通学校は今年度の募集定員百二十人に対して、七百五十余人の応募者が殺到する状況である。おそらく他校も同様であろう。

それ故に教育といえば「入学難」という言葉は、だれ彼の区別なく真っ先に連想される文句だ。科挙(注・朝鮮王朝時代の官吏登用試験)という弊習で骨髄まで染まった我が民としては、普通学校の入学試験に合格しただけても、大変名誉なことと思うのが当然のこととなった。それにしても教育と言えばまず「入学難」であり、二番目には、教育と言えば金の掛かるものと半島一円に知らない者はいない。

今年度、京城市内中等学校の新入生が入学式の初めに納入する金額はおおよそ六、七十円から百円内外である。専門大学になると金額もかさむが、初等学校の場合でもその半額は下らないはずだ。学資というものは当然父兄に要求すべき権利があると思うのが今日の学生の心理であり、これに応じて、父兄なる者も子女の学費と先祖の墓地代だけは惜しんではならないものと思い込んでいる。だから幼稚園から大学院まで一人の教育を完成しようとすれば、一万円でさえも多いとは言えない。

三番目に、教育とは時間をかけてこそできるものであると思っている。幼稚園の数ヵ年を除いて普通学校だけでも六年かかる。まして大学までは順調に上って行っても通算十六、七年は要する。こうしてやっと現下の朝鮮での教育を一通り終わる計算になる。四番目に、教育と言えば非常な努力を要するものと思っている。だから「蛍雪の功」といい、怠惰な者は淘汰されることを当然と弁《わきま》えている。

ところで宗教に関してはどうであろうか。キリストは「生命に至る門は狭くその道は狭い」（マタイ七・一四）と言われたが、だれかが信仰に入ろうとしたら「入学難」にぶつかる。なぜなら、主は「持ち物を皆売って高価な真珠を買え」（マタイ一三・四六）と言われたからである。しかし、朝鮮のキリスト教は金もうけする一つの方便になっていないか？

その上、所謂《いわゆる》伝道者たちは、キリスト教信者になるには数日内でもよいと言い、そんな牧師になるにも数年間神学校に通えばなれるといい、そのようにキリスト教会は暗黙の決りを定めてしまったが、一体何ということか。

我らの所見では教育は宗教に至る道筋であるから、宗教に至らないない教育は未完成品であり失敗である。また宗教は教育的に修練すべきであるから、奇跡的に一朝一夕に「速成」できるものではない。自らの全てをささげ、時間をかけて漸進的に「晩成」しなければならない。分り易く言えば、普通の人がキリスト信者になるには、少くとも十年は勉強すべきである。深く知ろうとするならば五十年の生涯も足りないのだから。

（一九三三年五月　五二号）

学問と職業

限りない興味

健康を損っても味覚を無くさない患者は回復の希望が高い。それ故、味覚までも無くして滋養摂取の意欲がなくなった病人ほどかわいそうな者はない。珍味であっても味覚が無くてはおいしく食べられない。そのような情況は、確かに同情の材料になる。これと同様に、学窓にある学生とか学問研究に生涯をささげた学徒が、その修業の課程と専攻科目で興味を無くしたとすれば、それはどんなにか嘆くべきことであろうか。中学で学んでいるがその勉強の意味を解せず、大学に籍を置いてもその選択した科目の意義を把握できずにいる者もいるし、自らは他の人の教師として振る舞いながらも、真理に対しては無感覚な人間が少なくないのも事実である。

キリスト教の信仰に生きる人の一つの特色は、あらゆる事に興味津々で、その中に興味あることを限りなく見い出し、甘美な生活を至る所で発見することである。例えば、彼が万が一学窓で勉強する者であるならば、草食動物の胃腸と、そこに巣喰う寄生虫の生活史を学ぶことで、ヤハウェの神を信じる信仰を増すことになるだろう。また、顕微鏡下の細胞をのぞき、望遠鏡の彼方に天体を観測する者はそこに神の創造の御業を発見しその雄大さに打たれ、彼をして詩篇の記者の如き詩人にするだろう。遺伝の法則で創造の神秘を探り、百万年前の岩石の中に隠されていた化石から進化の事実を目撃するならば、彼もヨブと共に参宿（オリオン座）を導きだし、昴宿（スバル座）を運行させせられるヤハウェの前に、復活の希望を堅くもつであろう。しかし、これらは皆、神の直接創造に関連した部門であるからそうであるが、他の無味乾燥な学課はやはり興味がもてないだろうと、人は言うかも知れない。

キリストを心に迎えた人に、無味乾燥な学問とは何であろうか。数学だろうか？　証明しなくても自明な公理のあるのを学ぶ時、また、たとえ証明できなくてもそれを探求する時、そこに永遠から永遠まで実在者であられるヤハウェを信じる信仰が躍動しなかっただろうか。定理、方程式の簡明にしてしかも尽きせぬ変化は、我らをして蒼空《そう》を仰いで星辰に感嘆させ、省みて胸中の道徳律に驚かせなかったか。数の正確であることよ！　理の永遠なることよ！

外国語の勉強が無味乾燥であると言うのか。単に商業用語、学術語としてだけ勉強しようとすれば無味乾燥であろう。しかし、一民族、一国の言語と文学は、神の愛がその民に現われた記録である。

こういう風に見る時、外国語の研究は実に恋文を解読するようなものである。特に無味難解だという古典語学ほど、こうした見地の興味は倍加しよう。

また地理学が無味乾燥であろうか？　モーセの出エジプト、リビングストーンの探険地、アブラハム・リンカーンが生命をささげて戦った黒人奴隷の故郷、ガンジーの修練地、シュバイツァー博士の伝道地を地理学の立場から見る時、アフリカ大陸のような暗黒大陸、砂漠大陸も百％の興味を起こしてやまないから、その他の大陸の興味など言うまでもなかろう。

福音の生命を内に秘めて、歴史の書籍を繙《ひもと》解け。論語を吟味せよ。さすれば新しい意味において、「学びて時にこれを習う、また楽しからずや」である。

（一九三九年四月　一二三号）

謙虚な心情を

「学びて時にこれを習う、また楽しからずや」との一句で、その偉大な論語の数千語句を代表させた孔子は、甚だ学習を好んだ人であった。孔子が言われるのに、十戸の狭小な村里にも必ず孔子のような忠信の者がいる。しかし、孔子のように学問好きな人はいないものだと。このように学問好きは孔子の自任する特色であった。そして学業を好むということは、必ずしも周易（注・三易の一つ。易経の別称。宋朱喜が創設）の表紙を七、八回とじ替えることだけではない。

サムエル・ジョンソン博士には無用な時間は無かったというのも、学問好きの一例である。また、本当に学問好きの人とは書籍で学ぶだけでなく、無学な農夫や老婆からも学ぶことを発見し、よく学び取る謙虚な人のことである。先進国に行って学ぶだけでなく、後進国と見える所からも学ぶことを発見し、大先生に学ぶだけでなく、目下の者に問うことを恥ずかしがらぬ者こそ、まさに人生において大成する者である。

キリスト信者は本来謙遜が彼らの生命であり、謙虚にして学問を好む人達である。彼らは「自分で知ったか振りをする人は、まだ知るべきことを充分に知っていない人である」ということを学んだ人達である。また「あなたがたの中にだれでもこの世で知恵あるものと思うならば愚か者になれ、そうしてこそ知恵ある者となるだろう」という使徒パウロの教訓を受けた人達である。他の事には欠陥や未熟なものがあるとしても、学ぼうとするその謙虚な心情に至っては、断固として一大特色を発揮する人達である。彼らはまだ完成したというのでなく、将来顕れる栄光の日に向って後のものを忘れ、前の標的に向かって駆けて行く成長する人達である。

ところで、現在朝鮮キリスト教徒たちの実状はどうであろうか。彼らは教派が異なると互いに学ぶ方法がなく、教え合う方法もないではないか。化石のような教会法規によって拘束され、弱者に対する抑圧にだけ有効な老会（注・キリスト教の地方組織の集り）、総会、年会などの決議であやつり人形のように踊らせられながら、単に頑迷固陋《がんめいころう》に向かって駆け出しているのではないか。これは決してキリスト教本然の姿ではない。また、信仰の篤い信者ほど頑固さの泥沼に陥る人が多い。しかし、我らはまだ素朴な人間として残っており、学ぶことができ、悔い改めることができ、成長できる余裕のある謙虚な生活をすることが願いである。願わくば動脈硬化症よりももっと恐ろしい病気、魂の硬化を免れ、最後まで柔軟な魂、学んで成長できる青年として生かして下さるようにと祈るのみである。

（一九三七年一〇月　一〇五号）

真珠を探し求めよ

真珠商人は、本当に良い真珠を求めるためには千里の道を遠しとせず探し回り、探せば直ちに自分の全財産を競《せ》りにかけてもその真珠を買ってしまう（マタイ一三・四五、四六）という。これは真珠の価値を本当に評価できる能力のある人だからであり、売って利益を得られるプランが確実なためである。彼らは趣味、興味と利益が合致して遠きを遠しとせず、苦を感じないのである。

ある農夫の告白だった。「利益となることであるならば眠れなくても疲れず、食事をしなくても空腹であることも忘れてしまうのです。利欲に対する人間の緊張力というものは、本当に驚くほどのものです」云々、と。私は首を振ってうなずき、同意を表した。あの農夫は単に口と腹を満たすための程度を遥かに超えた人である。

以前、哲学を研究してひどい神経衰弱症になり、自殺を決心した人がいた。その彼が自殺の手段として独立して働く生活を始めたところ、今まで父兄に寄生して成長した自分と言う存在を見るに耐えなくなったと言う。彼は社会主義、共産主義などについて造詣は深いが、流行する浅薄な所謂主義者たちとは決して一緒に群れをなさず、また、宗教関係の信徒たちの偽善に対する憤怒《ふんぬ》を我慢できない魂をもった人物であった。その彼が今や資産と利潤のためには水も火も顧みず、雄牛のように突進している自らの姿に驚き悟ったというのである。

利を貪る真珠商人や農夫と勤労に目覚めた神経症患者がこのようであるのに、況《いわん》や、真理と生命を探求しようとする者の態度がこれより劣ってよかろうか。

あなたがたは銀を受けるよりも、わたしの教を受けよ、精金よりも、むしろ知識を得よ。知恵は宝石にまさり、あなたがたの望むすべての物は、これと比べるにたりない。

（箴言八・一〇、一一）

と教えた。「朝《あした》に道を聞かば夕べに死すとも可なり」と、東洋の大教師もかって喝破した。

今より十余年前、我らの友人の一人は某集会に参加するため、自分の唯一の職業であり財産であった養鶏数十羽を全部売り飛ばして、咸鏡道―全羅道間を往復したことがあった。集会に行くようになった後、彼は職業と財産を一度に失ってしまったことについて近所の嘲笑の的となったが、果たしてどちらが賢い者と称讃されるかは、主イエスの前で人生最後の決算の時にこそ判定されるであろう。

我らの冬期集会に毎年参加する貧乏な農夫の一人は、秋の収穫と脱穀の時に集会参加旅費を別に取って置くのだと言う。すなわち、集会参加費を生活費の最も必要な部分として先に計上するのだと言った。まことに心からの切なる要求があるならば、実現の道が必ず開かれるであろう。我らは今秋以後、右記のような人だけの集会を計画する。おおよそ真珠を求める者は探せ。万難を排除せよ。そうだ、万難を排除した者だけ集まれ。

（一九四〇年八月　一三九号）

知識の入口
――ある大学予科学生との対話断片――

知識と言えば必ず頭脳に入っているものとばかり考え、知識の多さの故に自らを「聡明」だと自負する人は、自分の知識なら何んでも通用するものだと思い、自分が理解、納得できない事はすべて真理でないと速断しようとするが、それは余りにも早合点である。

知識は頭脳だけから入るものでない。手足からも入り、皮膚からも入り、消化器からも入って行く。そして心臓《ハート》を通過する知識が、人生において最も重要な知識であるようだ。

君は理科専攻だというからよく分かるはずだが、呼吸器とか消化器を考えて見よ。植物は葉にある気孔だけでなく茎と根で呼吸作用をするものであり、下等動物は肺とかエラの外に腔膜、皮膚で呼吸する量が少なくなくて、人間も肺臓だけが唯一の呼吸作用をするものではないことを、我らは知っている。

消化器と言えば当然胃をまず考え、次に小腸大腸まで連想する人がいて、これを「胃腸」と呼ぶが、口腔が消化に関係することを全世界の大部分の人が忘れ去ってしまい、ほとんどの人は皆噛まないで食べる。君もその一人でなければ幸いだ。それだけでなく、甚だ悲痛な時とか大変憤慨した時に消化がよくなされないことは誰もが経験するところである。それ故に、消化は心臓でもなされるものと言えるし、何日間も眠らない時とか神経衰弱がひどい時に消化不良になるのを見ると、消化は神経でするものとも言えるのではないか。

君は学校で動物、植物とか物理、化学などの観察実験学科はよくできて記録などもよくとりながら、倫理学、論理学、心理学、哲学などの科目については理解できない学生がいるのを目撃したことがあるだろう。これは学問の本質とその目的が違うためである。幼い時から聖書を読み、目に見えない世界に触れてみる習慣を身につけた人が、形而下の学科に接した時、進就力(注・物事を徐々に成し遂げる力)が顕著なことは観察によって分かる。目に見える学科だけ学んできていた学生が——たとえ大学出身だとしても——聖書と聖書に関する書物を理解する能力を備えていないことも、また当然なことである。

先日、私は咸先生と一緒に、某地に友人達を慰め励まそうと訪問したことがあった。そこには、最近父親の喪中の人と母親の喪を終わった人と、幼児を亡くした友人など悲しみにくれていた三人がいた。咸先生は彼らを慰め励ます言葉の中でこんなことを語られた。「悲しみの感情に打ちひしがれた時は、食べ物を食べようとしても喉がつかえて食べられないというが、それは精神上の苦痛を形容する一つの形容詞とばかり思っていたが、自分がその立場になってみると、生理的に肉の塊りが喉の食道をすっかり塞いだので、本当に食べることも飲むこともできなかった。父母が亡くなると天地が崩れるというが、これもやはり一種の修辞に過ぎないだろうと思ったが、自分がその目に遭って見ると、実際太陽と月がなくなってしまった。修辞でなく、本当に天地が閉ざされて暗かった云々。」見よ、このような知識は数学の因数分解から出たものでもなく、国語の文法から出たものでもない。

大学予科に入学する聡明さも聡明ではある。だが、それは聡明の全部ではなく、最も貴い聡明でもない。現在の君が聖書を読んで、解らない個所が多いというのはむしろ当然な事である。だから贖い、復活、再臨、三位一体などの教理が分からなかったら、軽率にそれを否定してしまわないで宿題にしておけ。

こういう問題は脳細胞の作用だけでは理解できない。正直で勤勉な労働をもって手足を動かし額に汗する生活があった後、善を行っても嘲弄と悪口の他に受けるものがなくなった時、また、義を渇望してひどい迫害に遭ってみた後、あるいは、善にして平和なイエスを信じて従うというだけで「世の塵芥《ちりあくた》」のような扱いを受けた後にこそ、聖書の高尚な真理は分かるようになるものである。それゆえ、知識の入口は頭脳だけでなく、それよりも更に心臓《ハート》がその入口であり、手足がその入口であり、高貴で勇敢な生涯がその入口であり、死に直面した時がその入口となる。新しい生理学である。耳ある者は聞くべし。

（一九四一年九月　一五二号）

文学青年に

最近、夏休みで東京から帰った文学青年の一人が訪ねて来て言うのに、「キリスト教の著名な先生方の文学に対する見解はどうですか？　文学と信仰とは完全に両立することはできませんか」と。

答　文学というのはどういう意味で言う言葉なのか分からないが、自分が知っているところでは、キリスト教の聖書の中にも文学がある。立派な文学がある。それ故に旧約聖書文学という科目を選び、特に専攻する学者もいるのはもちろんだ。それ故、広く世界の大文学を鑑賞することは、キリスト教信仰と背反することではなく、むしろ、キリスト信者になろうとするほどの人には一種の義務であるともいえる。それだけでなく、篤い信仰者で大文学を遺して逝《い》った人も多い。外国文学の翻訳と批評などで広く紹介伝播の功を立てた人も少なくない。

おおよそ、欧米の文学からキリスト教信仰に基づいたものを除いて見ると、文学と言えるほどの文学がどれほどの価値があると思うのかね。ミルトンの詩は言うまでもない。卑近な例で言えば、君達が東京で聞いたことのある内村鑑三先生は、無韻詩人ということで他の追従を許さない実績があり、信仰を除いても、英文学紹介の先駆者として、日本文学史上に不滅の功績をあげていると言えないか。また、藤井武氏は彼の「羔の婚姻《こひつじ》」という長篇詩一つだけとってみても、日本キリスト教文学史上に永久に記憶されるだろうとの世の評価を受けているではないか。

文学を志す者は、人間社会万般の経験をしなければならないと考えて、信仰を捨て、行ってはならないところに近づいてしまった結果は、ついには小山内薫、有島武郎のような終局を見るだろうと内村先生は警告していたし、三文文士の連中が軟文学を書く時決まって、人間万事を想像の世界、創作の幻影として解釈しようとする。そのような文人たちは、事実の世界であるキリスト教信仰を理解するにしても、法学とか自然科学を勉強した者よりつまらない者になってしまうと、内村先生が痛嘆されるのを見たことがある。また、教科書の勉強よりも小説を読む方が興味があると言って、天才であると自認し文学を志望する連中は人間の屑だとも言われた。一流の文学者になれないのならば、むしろ、二流の農工業者になれとの新渡戸稲造博士の言葉が堅実なことと思う。

問　酒場《カフェー》に行くのはキリスト教信仰に反しますか?

答　石工はまぶたのまばたきから先に習い、ビスマルクに私淑する者はタバコを吸うことから習う。文学をやろうとするから酒場を問題にするのかね?おおよそ健全な生活と並行してやっていけない文学は文学でないのだ。酒場の出入りはキリスト教の問題でなく、健全な人間として判断すべき問題なのだ。今日、朝鮮の上流階層の腐敗が酒に起因しているのは言うまでもない。とりわけ、農民の疲弊と義務教育の施行不能と君の苦学問題も、皆酒場のためでないのかね!

文学青年を帰した後、私が自ら自分に向かって憤懣やるかたなかった。それは精神科の医師に送って神経中枢の診察を受くべき者を、普通の人のように相手にして、真心を込めて応対した自分の愚鈍さ加減に対して憤慨したのであった。ああ、文学青年よ!

（一九三七年八月　一〇三号）

専門と趣味（上）

前号の「卒業生へ」（注・本巻六四頁参照）という文章の中に、それぞれ一つの専門と一つの趣味とを選んでもつことを力説したところ、ある牧畜経営者から次のような手紙が来た。

「専門は牧畜であるがこれも生ぬるく、趣味はただ走ることとですが、漫然と走るだけで……」と。この文章の中には専門も趣味も徹底して持てないことを甚だ悲観した思いが行間にあふれているのを、だれでも看過できないだろう。

なぜなら、彼は専門と言えば必ず欧米の現代先進国の語学を幾つかを解し、ギリシャ、ラテンその他の古典語学の幾つかにもよく通じ、さらに某々学閥の後盾《うしろだて》がある者だけがもてるものと思っている。趣味と言えば、当然シェイクスピアとかダンテとかホメロスとかゲーテとかの題目を選ぶべきものと思ったようであるからだ。

しかし、我らが言わんとする専門と趣味は決してこういうものだけではない。もちろん、専門外国語と古典語学を書籍を通して学ぶことは結構であり、専門や教養として読むことができる人はできれば努力すべきだが、しかし、それだけではない。前号では紙面が制限されて十分述べられなかったので、ここに補充させてもらいたい。

右に記録した牧者は牧畜をつまらないことと考えて嘆息しているようだが、私はこの牧者に深い関心をもち大きな期待をもつ者である。この牧者は畜産学校を卒業していないがよく羊を飼い乳牛を育てて、牧畜に関する限りなんでもできないものがない立派な専門家である。

この人は電気装置の精巧な孵化器がない時は、マッチの大箱で作った石油灯で暖めて数百の卵をよく孵化させて養鶏をしたし、別に養蜂学というものを勉強したこともないのに、彼の手になると分封もたやすくできたし、蜜の生産も豊富であった。穴蔵も掘らず特別な施設もないのに、よく「納豆」を作り販路を開拓したし、パン製造、豆腐の販売などまでやってできないことはない人物である。

この牧者は文字通り早寝早起きだが、夕暮れになると牛や羊がねぐらに入った後にすぐ眠り、早朝は鶏の鳴声と同時に起きる。その眠りに就くのは、あたかも巨木が折れて倒れるようだとでも言おうか、または劇場で幕を閉じるようだとでも言おうか。眠ると言えば、次の瞬間にはもう寝入っている。この光景を、書籍に疲れ果て神経だけが過敏になり、眠りたくても眠りつけなくて苦しみ、眠りに入っても本当の眠りを味わえず、覚めても死ぬ位の辛さで起きている人間に比べるならば、この牧者は眠りにつくというより眠りに陥るというのがよさそうだ。

「飛流直下三千尺」と言う語句が連想されるのは、一瞬にして三千尺も深い眠りの世界に入ってしまうからだ。所謂、文化人達が眠りに陥ると表現するならば、あの人は死んだといった方が事実の描写に近いだろう。

したがって早朝に起きるのは、眠って起きるのでなくて死んだ人が復活した如くである。アイスランドの間歇温泉のように、時間は機械よりも正確に、湧き起こる勢いは生き生きと勇ましく、起きた時はもう既にその手に仕事だ。仕事をしないことが苦痛であるためだ。彼のような人物はその性格から見ても、健康と才能・性質すべて頑健でタンク（戦車）を連想させてやまない。無限軌道の上で山や野に向かっても進めない所はなく、突進して撃破できないものがないようである。

この牧者には専門とすべき科目がないとか、才能・能力が足りないことが心配なのではなくて、余りにも広範で多能なことだけが問題なのである。もし、その目標を単一化し経験したところを記録に残して置くとすれば、自分に利すること大であり、世間に益することも多大であろう。

京城市外に貧乏でない一家庭がある。資力から見ても才能から見ても、大学まで卒業するものとだれもが期待していたその子息たちが、ことごとく中学で学校の勉強を中止した。中学卒業後何年もたたない長男は、人夫達と一緒にチゲ（注・物を背負う道具）を背負って働いている。その母親は息子が哀れに思えて仕事をやめさせようとしたが、父親は「人は無学さえ免れればよいのだ」と言いながら、「チゲを背負うことを通して学べよ」と言ったという。

無学といえば文字を知らないことだけと思っている人達は、この父子の前に深く懺悔《ざんげ》して当然であろう。都市に出て電車、バスの乗り換えがよくできない人や、社交場で勧杯、返杯にたけていない人を見て嘲笑しながら、大豆の麹《こうじ》（味噌玉）や干し柿がどんな木の果実からできたのか知らず、小麦と大豆と小豆が隣り合って育っているのを見ても、その区別ができない人は、むしろその方が恥ずかしいことであることを知るべきだ。以上は世間の価値観が皆逆になったためである。

今から十余年前だったろうか？　水原に「高農西瓜《すいか》」という名産品があった。その名産品を生産するようになったのは、高等農林学校の中に地位が高くない雇傭の老農夫がいたからであった。彼は西瓜栽培――特に水原地方の気候風土での西瓜栽培に関する限り、博士よりも教授よりも天下第一の権威者であったという。彼は黄昏まで西瓜畑で一苗一苗を手入れして、早朝目がさめるとすぐ歯をみがく歯ブラシを手にしたまま、まず西瓜畑を一巡しながら、一株一株に朝の挨拶でもするかのように見て回ったという。「西瓜に狂った人」というあだ名までつけられながらも、栽培して出荷したのが水原の「高農西瓜」であった。

彼は学生の質問に応えて、西瓜栽培の秘訣を披露して言う。「一群の西瓜畑全面を暫く見て、その西瓜がよくできたなとか、よくなかったなと言う者は、まだ西瓜の栽培を語り論ずる資格がない者だ。必ず、西瓜の苗一株一株に注目してその色、つや、形でその栄養の過不足と病虫の有無をくわしく見抜くべきである」と。

一事に達すれば万事に通ずるとの原理がここにもあることを知って、我らは驚かざるを得なかった。イスラエルの先祖たちは羊を飼っていたが、数千匹でもそれぞれの名前で呼んだという。書籍を愛する学者や図書館で働く忠実な職員は、数万巻の書籍でさえそれぞれの置かれた場所を記憶するそうだ。これらは学校教育の原理と教会の牧会の原則がこれに相通じる。一株一株の認識、個体、個性を尊貴すること、これは神が万民を救われる原理である。

しかし、一事に深く通じた人は必ず意地が悪いと言おうか、非常に自信過剰であると言おうか、常軌を逸する癖があることも覆うことのできない共通性であるようだ。この老農夫も西瓜栽培に関する限り、教授、博士など上司の命令に服従しないという理由でついに罷免されてしまったというから、おかしいというべきか、惜しいというべきか。訳《わけ》はどうであっても、その日以降「高農西瓜」の皮が厚くなって、再び「高農西瓜」を求める人々がいなくなったという。

西瓜栽培に関してこんな話がある。それは約二十年前のことである。東京市外に江渡某という東京帝大仏文学科を卒業したという文学士がいた。その夫人は東京女高師出身であった。彼らは相当な遺産を継承できる資産家の子孫であったが、トルストイ主義を実践したく「出家」して、他人の家の召使いと小作農などを歴任（?）しながら、時には草の根までも掘り取って餓死を免れる生活をしながら、農業を勉強していた。

我らが訪問した時、例のようにその家のきまり通り、夕食は粥で来客である私達も食卓を共にしながら、江渡翁が自分の農業の勉強の秘訣を披露してくれるのを聞いた。言うのに「他人に尋ねて学ぶのでなく、必ず自分自身で失敗してみるのが唯一の研究方針である」と。また言うのに、「西瓜栽培を志してから今年で十六年だが、今では武蔵野の気候風土で西瓜栽培をするのにやっと『一人前』になれたよ」と。即ち、この方面のことに関しては、全世界で第一人者という意味である。

元山に、通称尹主事というりんご栽培に一生をささげた老農夫がいる。寡聞にしてこの老農夫のように研究を重ねて、りんご栽培をして成功した人を朝鮮内に二人とは知らない。彼はりんご栽培に熱心であったから、外国人宣教師が帰国する時に何時も頼むのが、りんご栽培に関する新刊書籍であったという。ＡＢＣも知らない旧式の人物が、どうして外国の原書を読むのかと誰もが不審に思うのも無理からぬ事であった。しかし、その人は幾ページかに一枚ずつ出る挿絵を見ただけでも全篇の大意を理解することができ、欧米諸国のりんご栽培の趨勢を推察したというから、また二十世紀の一大奇跡だと言うべきであろう。

咸鏡南道地方には、この尹氏式の剪《せん》定法という独特な方法が確立されている。道、郡の当局でも、尹主事の子弟を招請して同業者に講習させている有様である。すなわち、咸鏡南道東海岸地帯の気候風土でりんご栽培をすることでは、尹氏の一家が全世界で第一人者である。学位を持った博士も高等官技師も、この尹氏の前ではグウの音も出ない。理論より事実が証言するからである。

本誌の旧号を持っている人は、京畿道坡州郡下で養鶏の天才白某という人を訪問した時の記事を記憶しているだろう。大阪とかロンドンとかベルリン付近で行っている養鶏には、それぞれ配合飼料が使われ、電気その他の最新理化学的な施設も惜しみなく設備されているのだが、朝鮮の京畿道坡州郡下での養鶏にはそれらがなく、どうすれば多産養育できるのか？　ひどい神経衰弱によって中学を中途退学した白青年は考え、むしろ禍を転じて福となす重大な方法を体得した。

同様に本誌旧号を読んだ人は、京仁線梧柳駅南五キロばかりのところに、徐起河という青年農夫がいたという記事を記憶しているだろう。養正高等普通学校に五年間在籍している間、彼は何等の特技というものを見せなかった。牛面《づら》のような顔つきに体まで鈍重で、授業にも運動にも何時も終わりから何番かであった。そうした徐君は卒業する約一年前から市内の図書館に通って、徐々に農畜に関する図書を参考に勉強し始めて、休日ごとに市外に散在する農場を順次訪問しては、都市を背景とする農場経営の実際を見学していたのであった。

彼は朝鮮農業の衰退が記録というものを残さなかった結果であることを痛感して、成功失敗の経験を必ず記録することを始めた。朝鮮の農具は神農氏（注・中国の伝説上の帝王で、歴史以前の大昔のこと）の遺物から一歩も発展していないのを慨嘆して、乾燥しやせ衰えた朝鮮の風土に適合するように、自分の考案で農具の改良を企てた。その結果、多収穫稲作の実験は驚く程の成果をあげたし、中部朝鮮の気候で、年四毛作から五毛作までの計画も着々成果を見るに至った。学校の試験成績では別に優良でもなかった動植物、鉱物、物理化学等の教科書を、卒業後、再読、三読して日増しにその知識を実際に応用し、特に化学反応を肥料配合に応用することには無限の興味を感じるのであったが、同時に永遠に尽きることのない化学的知識の必要を痛感したと告白した。

彼はこの渇望する知識欲を満たすため、自分は某高等農林学校の講義録を読むことにして、弟を某農業学校に入学させた。ただし、徐君はその後、死に至る病には勝てず、亡くなったというから惜しく悲しい。この徐君にあと十年の寿命だけでも許されていたら、朝鮮農業界に一大革新と進歩の姿を見せただろうに。ああ、徐君は既に夭折してしまった。徐君を思えば思うほど、君のような高貴な天才を数年間見ていたにもかかわらず、その真価を認識できなかった教師としての自らの不覚、鈍感を懺悔《ざんげ》して止まない。けれども、同時に、幾ら劣等生でもその進む道をよく選んで努力さえすれば、ことごとく天才に突然変化できるという法則を発見したようで、自らを慰めるのである。

（一九四一年六月　一四九号）

専門と趣味（下）

前号で、専門科目というのが必ずしも語学とか書籍だけに限るのではなく、農畜産業の中からも選ばれることが少なくなく、また、既にその方面で尊敬できるほどの成果を見せた先駆者も多く、幾つかの例を示した。我らが知っている農業畜産に関することだけでもまだ終わってはいない。

その他に鉱業、工業、漁業などの方面でも相当な業績をあげている人がいるという消息を聞いて、大層心強く思った。もともと朝鮮人は独創的なことを考案創出する才能が足りないのではない。その点はむしろ他よりも豊かであると言えるが、ただ一事に専心努力して大成することには不充分である。

しかし、人の長い慣習というのは一朝一夕に打破し難いものなので、読者の中にもまだ文字を知らなければ無学であるように考え、図書によるものだけが専門だとか教養だと称して、それだけを価値あるものと見るのなら、今、そういう兄弟に専門の科目と趣味がいかなるものかについて資料を提供したいと思う次第である。

それにはまず聖書を専門に学び、聖書を趣味として選べということである。聖書だと言えばそんなものくらいは特に専門にしなくても……という人もいるだろうが、それこそ無知な人である。聖書を専門にしても、旧新約六十六巻を万遍なく一様に精通する達人はいない。

それゆえ、旧約あるいは新約のどちらか一方を専攻するにしても、その中でも旧約中のどの一書、新約中のどの一書というように狭く掘り下げねばならない。自ら才能が秀でていると信じて聖書ぐらいは易しいものと思う人は、試みに、イザヤ書または創世記のような一書を選んでみるべきである。現代人の最高知能をもっても、三百歳まで長生きしても時間が足りないことを嘆かざるを得ないだろう。内村鑑三先生も七十年の生涯を、ひたすら「ローマ人への手紙」一冊の探求で終わったといっても過言ではない。

しかし、他方、聖書を専門にしたいと願うが、語学も知らず、参考書も持たないとその身の上を嘆息する人がいるだろうが、それは文字通り杞憂である。世間の所謂学者となるためにはそれもあれも必要なことだろうが、聖書の本旨だけを実質的に攻究するためには、聖書本文と、そこについている脚註(reference)を参考にすることで充分である。すなわち、聖書で聖書を解釈する研究方法であるから、旧新約聖書一巻さえ所有すればできることなのである。こういう方法でどの程度まで聖書に精通できるかと不安を感ずる人がいるならば、憂うるなかれ。――イエスに匹敵するほどの学者になることは極めて容易であるから。聖書を専攻にした後、イエスほどに聖書に熟達するならば、また何をか不足に思わんや。

たとえ専門としての課題は聖書の中から選択できるとしても、趣味としても聖書を学びたいという考えは、敬虔な信徒に共通した思いである。しかし、福音書を読んで見よ、小説よりも面白いではないか。世間の人は小説に面白味があるというが、分かって見ると福音書は小説以上の小説である。小説を人間の創作というならば、福音書は正に神の創作である。そして、すべての伝記の中で、イエスの伝記ほど永遠に無限な興味をよび起こす伝記が他にないことは、福音書を一度でも読んだ人が皆証言する事実である。四福音書を一時に親炙《しんしゃ》し難かったらその中の一書だけ、例えば、ヨハネ福音書だけでも熟読して見よ。読めば読むほど、噛《か》めば噛むほど、限りない楽しみを得ることができるだろう。

しかし、もう少し甘ったるい軟文学こそ気に入るという人は、旧約聖書の『雅歌』を吟味すべきである。ゲーテの「若きヴェルテルの悩み」が、これに比べると大層品位があることが分かる。もう少し高級の劇詩でなくてはという人はヨブ記を探求すべきで、これはホーマー、シェイクスピア、ダンテなど、すべての詩聖の祖宗であり源泉である。また万一、旧約聖書の詩篇を朝晩百読し千読するならば、本当の意味の紳士淑女の趣味として、これより以上に高貴（noble）なものがどこにあり、これより深遠なものがどこにあろうか。

（一九四一年七月　一五〇号）

数えきれない職場

法学を専攻する学徒でありながら、法律、経済学を無味乾燥なことと感じるだけでなく、キリスト教信仰をもつようになった後では、どうしても将来人を審判する判事とか検事になることはできず、また現代の弁護士の職も何ら興味を覚えることができないからと言って、若干の資産を全部まとめて田舎へ行き、農業でもやって生きようとする青年に出会ったことがあった。しかし、私はそうした生き方には、残酷なようだが反対せざるを得ない。

第一に田園での百姓生活ももちろん結構であるが、それが唯一のキリスト者の職業であり最も神聖な産業であると思ったら、大きな間違いだ。田園でも罪を犯す生活があるのは言うまでもないが、農業を誰でもできる仕事であると思うのは高慢な考え方である。近代式工場の仕事は疲労が甚だしいといっても、農業に比べれば問題にならない。農業はやはり勤労の王様である。

万一信仰の見地に立ってするのでなければ、額に汗を流しながら雑草の生い茂った地を耕す仕事は、楽園から追い出された者の呪いの象徴である。農業が難しいのはその苦労が絶大である外に、その収益が極めて少ないという点である。教育を受けた者が農業をし難いのは、勤労に耐えられないというよりも、その貧乏に耐えられないからである。農業そのものはよいのだが、田園生活の中で詩趣を味わって見ようとする青年の夢の実現はむつかしい。

法学を研究しようとすれば、文明各国の法典の根源となるモーセ五書を詳しく検討すべきである。列国の法律の基本はここにある。秋霜のように厳しい法律条文の背後に、両頬《ほほ》に涙を流して座っている年老いた父の像がはっきり見えるまでは、彼は法律が解ったと言えない。ヤハウェ神がイスラエルの民を教育しようと思い制定された律法の動機を探求する時、律法の条文の背後に神の愛を見出さねばならないだろう。水を飲もうとすれば水の湧き出る源泉で飲むべきであり、学問をしようとすれば、これまた源泉を尋ね探すべきである。

判事を審判者としてだけ見るのは、山上の垂訓の誤読である。裁判するとき証拠として現われたものだけに頼らず、ソロモン大王のように人心の底の底まで透視した上で判決を下す気持でやって見よ。これは最も賢明な人間が最大の真心を尽くすべき聖職である。列王記上第三章を読んでみて、名判事になりたいと希望しないキリスト信者はいないだろう。検事と弁護士もそうだ。社会の正義のため権力を抑え、弱き被害者のため当然な真実を明らかにすることと、これ以上キリスト信者に相応しい仕事がどこにあろうか。

リンカーンもガンジーも弁護士であった。パウロも一種の弁護士であり、イエスは最大の弁護士であった。罪無き者を弁護するばかりか、罪の動機を分析して同情して弁護し、最後には罪を自分の身に負い、ついには十字架にかかり永遠の弁護士となられた。

おおよそ、健康な者には御馳走がなくて心配なのではなく、むしろ食べ過ぎが心配であるように、キリスト信者はあらゆる学問と職業に興味が多過ぎて、目移りがして腰がすわらないことが心配なのである。やってできないものはない。キリストの生命が内にあって一日を一生として生きるならば、無意味な仕事はなく、仕事に興味がわき、世の中の生活は日に日に新たにして手を抜くことはできなくなる。

（一九三九年四月　一二三号）

現実と理想

微力を尽そう

最近、矢内原忠雄氏の『通信』第四十八号で、肺結核患者である内田正規氏が、微力を尽して同じ患者の病友を慰め励ましたいとの決心に動かされて、自らも肺結核患者のために微力を尽くすことを決心したという記事を読んで、少なからず感激した。

微力であり、まことに微力だ。財産もなく学識もなく健康さえも結核菌に侵され、視力まで完全でない一介の青年患者が、それでも残った力を総動員して、同苦の病友たちを助けてやりたいという小さな誠と微力を全てささげる時、これを知った大学教授の一人が、「そんな状態の君が微力を尽くそうとするのだから、私もやはり微力を尽くしてみよう」と決心した。こうなって見ると、「微力」は既に「微力」ではない。

このことに関して思い起こすのは、第一にドイツ国の実業十誠である。その一条に曰く、「ドイツ国民はドイツで造った紙にドイツ製の鉄筆で、ドイツ製品のインキをつけて使用せよ。そして、ドイツ製の吸取紙を使用せよ」と。我らのように世俗を離れた生活で物に無頓着《むとんじゃく》な民は、こんな些細なことと軽視して嘲弄するだろう。現下のドイツをしてソ連とフランスの脅威となるばかりでなく、実に全世界の一つの強大な国となったのは、右のような微細なことに端を発したのであった。世の中に恐ろしいのは「微力」である。

第二に連想されるのは、地質学上で間歇泉《かんけつせん》を説明するブンセン灯の原理である。幾度も曲げられた曲管に水を満たしその下端を加熱すれば、その屈曲が複雑であり水柱が長いため対流作用がなくて、一時は加熱の効果が無いように見えるが、加熱を中止しなければ、ついに曲管内の水柱が急速に気化しながら空中で爆発するというのが、ブンセン灯の実験である。アイスランドやニュージーランドや黄石公園などの大間歇泉が、この原理で説明される。加熱する力は見えない微々たるものであるが、後で爆発する時は、熱湯の柱は天を衝《つ》いてやまない勢いを見せる。

この朝鮮にも「微力」を必要とすることが少なくない。肺結核患者の数は四十万、あるいは五十万と報じられており、癩《ママ》病患者の兄弟は二万から三万と推算され、その他この種の援助を必要とする人々のことを挙げればきりがない。しかし、人々は大力を待つだけで、微力を合わせれば大力となるのだということを知らないようである。多少公のために、義のために慈悲心が働いて「微力」を惜しまなかった人達も、その結果が大海の一滴に過ぎないことを嘆きながら、挫折してしまうのは残念なことである。おおよそ善なるもの、真なるものは一攫《いっかつ》千金式に一挙に達成する手だてはない。それ故に「善を施しても怠けるな」である。微を積み小を加えてやまないならば、ドイツのごとく強くなり、間歇泉の大噴出もそこから吹き出る。その倍率はひとえに神の祝福によって、三十倍あるいは六十倍、百倍に達するだろう。それ故、自然界と霊界にわたり、「微力を尽くそう」ということをもって新年の標語にしたいと思う。生活問題も微力を尽くすことにより、自力で解決しよう。

（一九三八年一月　一〇八号）

天才と凡夫

政治に天才を要し、科学に天才を要し、芸術に天才を要する。それ故に宗教にも天才を要するという。たしかにそうかも知れない。しかし、万一、天才だけが宗教を云々《うんぬん》することができるとすれば、人類の大多数を占める凡夫は、何をもって救いに与ることができようか。

眼病を患う者は眼病を患う人に同情することを知り、歯痛を経験した者が歯を痛めた患者を慰めることを知る。貧者と罪人を救うためには、神の独り子でさえ馬小屋で誕生して、税吏、賎民と起居を共にされたのであるから、人類の大多数である平凡な大衆を救うために、凡夫中の凡夫である者の中から、凡夫そのままの素朴な体験を証しする者が現われないだろうか。もし天才だけが信仰の奥義に通ずる者ならば、余輩は断言する。天才の踵《かかと》にしがみついて天国に行くことは棄権すると。

（一九三〇年一一月　一二三号）

夢のまた夢

露と置き露と消えぬるわが身かな
　難波のことは夢のまた夢

とは、人も知る秀吉の辞世の歌である。東洋の歴史に一大転換期を画した彼にしても、一度過来《すぎこ》し方を振り返って見れば、彼の豪勇も彼の栄華も「露と置き露と消える」ものに過ぎなかった。彼にも怨みもあったであろうし、得意の絶頂もあったであろう。憂愁もあったであろうし、満悦もあったことであろう。しかし煎じつめたところ、「難波（政権をふるった所）でのことなどは夢のまた夢」であったと言うのである。さすがに彼は頭脳明敏の士だけあって、人生の鳥瞰に於いてその事実を誤らなかった。

我ら各人にも広い狭いと大小の別はあっても、それぞれの難波のことがあったであろう。過る一年間、あるいは数年間、または今日までの前半生に於いて、我らが最大の精力《エネルギー》を惜しまず注ぎ込み、我らの最高の喜悦に向って追求又追求して止まなかったことのすべてが、難波のことではなかったろうか?。我らの智略を尽して計りごとをめぐらし、我らの声を張り上げて争い取ったことの凡てが影の影を追うことであり、「夢のまた夢」を求めることであったことに目醒めた時の人生の寂しさに、誰か堪え得るであろうか。しかし、今からでも遅くはあるまい。「難波のことは夢のまた夢」と悟り得る者は幸福である。

それ故にタルソの賢者パウロは言った。「イエス・キリストおよびその十字架に釘付けられ給いし事のほかは、汝らの中にありて何をも知るまじ」（一コリント二・二 文語訳）と。なぜであるか? この世の生涯は如何に大なる英傑といえども、「露と置き露と消えぬる」ところの憐れむべきものであり悲しむべき人生であり、この世の栄華と満悦は過ぎてしまえば、それが「夢のまた夢」であることは明らかであるからである。のみならず栄華が高ければ高いほど、満悦が深ければ深いほど、その後の空虚と寂しさがより大であることが何人にも体験されるからである。実に、秀吉は単なる英雄であっただけではなかった。この人生の蔽《おお》うべからざる事実を喝破することによって、彼は人生の大なる教師となったのである。聖書は次のように教える。

人はみな草のごとく、その栄光はみな草の花の如し、草は枯れ、花は落つ。されど主の御言は永遠《とこしえ》に保つなり

（一ペテロ一・二四～二五 文語訳）

と。我らの一生は、単に人類の歴史において五、六千年間の中の一生涯ではない。実に万古に亘る歴史の中の唯一回の生涯である。これを単に「夢のまた夢」に終わらせるべきであろうか、あるいは永遠の存在となすべきであろうか、各自深く考えなければならない問題である。（原文日本語）

（一九四一年一月　一四四号）

病床断片

訪問客　病状が危篤に陥った時に、もう一度再起できるとすれば、必ずこれは完成したいとの願いが何かありましたか？

患者　昔ある王が荘子を訪ねて、国をよく治める方策を尋ねたところが、答えもせず叱責して帰したと言います。その後、数年過ぎて再び訪ね、私がよく生きる方針を教えてくれと言ったところ、ひざを打ちながら快諾し、立ち上がって応待したと言います。私も今は大事業の成就よりも、私自身が真実に生きて行くことが願いです。

客　……

患者　刑務所での生活には色々と驚かされることが多いのです。幾ら殺人強盗などした極悪の人物であっても、こちら側から愛と真心で接すれば、その瞳《ひとみ》に感応する輝く光が見えます。非常に驚き入ることではありませんか。すなわち、彼らもまだ救いの希望があるのだということです。まして、彼らは思想犯に対しては大変尊敬を払います。

ところが最後まで感応がなく、冷淡なのは詐欺犯たちであります。彼らは知能的犯罪者であるだけに、容易に他人の言葉を聞かず、好意に対しても疑いでもって応じます。イエスがパリサイ人たちと祭司たちを痛撃されたのを聖書で読んで、余りにもひど過ぎた感じを禁じえませんでしたが、それも恐らく彼らが知能犯であるためかと思います。他の罪人が皆救われたとしても、知能犯だけは永遠に救われ難いかと思います。

客　本当にそうでしょうね。

患者　半年以上入院生活をすると、病院が我が家のようです。しかし、便所の戸を開けて見て、余り汚ないと戸を閉めて他の戸を開けて入ります。しかし、これが万一我が家であったらどうするでしょうか？　また、これを他人が見て誰がこのように汚くしたのかと問う時、その心の中に朝鮮人以外の誰を推量するでしょうか？それで、我らは不潔な便所を目にした時は、看護青年と一緒に何時も清潔にすることにしました。一つは我らがなすべきことをするために。もう一つは、ただ一度でも朝鮮人への悪口の機会をなくしたいからです。

刑務所生活をしたことのある患者の思想の川の水は、流れまた流れて止まるところを知らない。言葉を食べて生きる（注・自ら信じる思想に殉じて生きること）というのは、このような人を指したものであるかと思われる。病床にいることが既に同情すべきことである。しかし、病床に伏して、ただ自らの身体の病状の様子以外に何も考えることのない人ほど哀れな人間はいない。

彼は苦悩を悩む外に慰められる道が閉ざされている人である。身体は病魔におかされているが、その魂はいつも歴史を支配したもう神を通して飛躍し、その心はいつも生ける愛に浸っている。そのような時に彼は独りいても慰めにあふれているので、慰めようとして来る客までもむしろ慰めて帰らせる。心配すべきは思想の枯渇であり、信仰の浮動であるのだ！

（一九三八年八月　一一五号）

（注）この患者がどのような人物であるかは、明確に述べられていないが、この「病床断片」を裏付ける資料として、「日記」一九三八年八月八日欄（本『双書』第6巻二二六頁参照）（監修者）

辞職の感

感謝と確信　思い起こせば今より十三年前の春でした。当時、養正高等普通学校の教職員の間には一種特異な慣習がありました。それは、各自の父母の誕生日には同僚職員を御馳走に招くことでありました。私の母は陰暦の四月二日生まれであったので、赴任早々私はこの順番に当たったのでした。宴会には勿論酒を出すことが動かすべからざる鉄則になっていたのでしたが、私は勿論酒を飲まないばかりか、自分の主催する宴会に於いては酒を用うべきでないと信じていたので、ここに難問にぶっかかってしまいました。宴会の準備当番から逃れることは許されず、それかといって酒宴を張ることは絶対に出来ません。そこで私は最後の手段として、辞職願を懐にして宴会を催したのでありました。事もし意の如くならねばその場で職を辞する積りでしたから、宴会場には歓楽というよりは一種殺気のようなものが漲《みなぎ》っていたことは、当時一緒に居られた方々は御記憶のことと存じます。爾来、今夜のこの送別会に至るまで一杯の酒をも受け交わさずに、この信念を貫いて来ました。それにも拘らず十数年の長い間、私のような非社交的人間を追い払わずに其の職に置いて下さったということは、偏《ひとえ》に校長先生をはじめ職員各位の寛容の賜物であると深く感激しているのであります。それと同時に、私の如き非社交的な頑固な人物でも、養正中学校（注・一九四〇年頃から養正高等普通学校から養正中学校と呼び名が変わる）の職員のような寛大海の如き人々のおかげがあったからこそ、十数年間に亘って学校のお役に立つことができたのではないかとの確信を得ることができました。お役に立つ人間たり得るか否かを内心心配していた者にとっては、それを認めて十数年間ここに働かせていただき、これに勝る満足は有り得ないのです。

辞職と死別　他の教員と違って、私には特別に博物準備室なる一室を与えられていました。そこでは受け持たされた学課の仕事の他に、私自身の仕事場として、私室のようにも使ってきました。主として『聖書朝鮮』の編輯、校正、発送、さらに、その残本の置き場としてなどでありました。本日、その荷物を運び終えて、今夜この会に出席できて、私は曾て想像もできなかったことを体験することができました。それは引退――即ち、一つの社会から身を引くということは、取りも直さずその社会からの死別を意味するものであって、生は死の小演習でありますから、とりわけ、その寂しさが身に沁むることを覚えるのであります。本日は職を辞する者も辞さない者も、いつの日にかはこの世との別れを一度はしなければなりません。私は本日荷物を運びながら感じました。この度の荷物は自分の手で始末も出来るけれども、次の辞職、即ち、此世を去る時に於いては自分で荷造りも出来ず、大切な書物も運びだすことが許されないであろうことをしみじみと感じます。何人も一度は去らねばならぬ時がやって参りますから、その時の為に準備しなければなりません。しかし、私はこの度キリストの為に新しい第一歩を踏み出そうとするのであります。お別れは悲しいことでありますが、嫁入りせんとする乙女の胸の如き気持もないわけではありません。ありがとうございました。安心して今後とも応援して下さいますように。

（一九四〇年四月　一三五号）

策略か真実か

敬愛するA君！　君は文字通り、「千里の道を遠しとせず」に私を訪ねたのではなかったか？　また重要な目的があることを予告して来たのではなかったか。そうだとすれば、挨拶の初めに、主要な目的を先に切り出すのが当然の順序ではないか。私の家に宿泊して数日後に一言半句も問題の核心に触れることなく辞去し、今になって受け身の立場で待っていた人間に向かって、「何故先に切り出してくれなかったのか？」と私を責めるが、君は人間万事を自分の思い通りにしようというのか？

たとえ百歩を譲って、過ちが主人の私にだけあったとしよう。君はわざわざ水陸幾千里をかけて、一週間でも一月《ひと》でも一年でも相談しようとせっかく機会をねらって来たのに、相手の様子をうかがって機会を捕らえようとしたが捕らえることができず、そのまま去って行ったのは小心であったためなのか、率直でありえなかったためか。君が将来六国を束《たば》ねる策士となるかは知らないが、一人のクリスチャンを動かすほどの誠実さがなかったことを我らは悲しむ。

「過ちては則ち改むるに憚《はばか》ること勿《なか》れ」というが、君はその拙劣な策略を早く捨てて、どうか君本来の誠実な人に戻ってはどうかね。

（一九三四年一一月　七〇号）

信仰生活

軍隊を送迎する

「もし、だれかがあなたをしいて一マイル行かせようとするなら、その人と共に二マイル行きなさい」(マタイ五・四一)と言われたイエスの言葉に忠実であるために、と言えばおおげさになるが、我らは時々軍隊を送迎しなければならない。「事変」(注・「満州事変」を指す)中だけでなく、事変がすぎた後でも軍用列車が通過するとなれば、生徒たちと一緒に出かけて行って送迎する。今日も熱がある病身をおして、生徒の後について京城駅頭で兵士を送迎した。

我らの目の前には列車の後尾に近い車輛が停止した。見ると、星一つずつを肩章につけた兵卒達が答礼しながら車窓に首だけ突き出していたが、他の車輛に比べて歌、太鼓と万歳の声などがより小さく、どこか寂しげに見えた。彼らは文字通り二十歳の青年である。彼らの中には、豊かな家庭での暖衣飽食を忘れることができず出征した者が全くいなかっただろうか。

父母兄弟の温情から初めて遠く離れる者もいなかっただろうか。年頃で、相思相愛の人と切り離い紐《ひも》を引きずっている者だって全くいなかったと言えるだろうか。春耕をやめ農具を手から放し、老母の寝食のことを心配しながら出発した者だっているだろう。あらゆる情実と未練と口実が我らよりも数多くあったろうが、命令一下、万事がすべて決まったのである。個人的にも家庭的にも、さらに、後顧の憂いが無いように、整理され解決されて安心できたからでは決してない。

結局、彼らにとってすべては未解決のままの解決であり、不孝のままの孝行者である。絶大なる国家の命令に従順に服し、欣喜雀躍《きんきじゃくやく》しながら満州に向かえばお上は満足のようである。見るところ、彼らのすべてが我らより多く教育を受けたようでもない。

しかし、彼らには一大希望の太い紐《ひも》が前面に向かって張られている外、玄界灘の彼方ではもはやどんな紐も垂れているものはないようだ。後についていた紐はさっと切れて、前に突っ張った紐一筋だけが大きく強そうである。ところで、我らの後には、あたかも埠頭を出帆しようとする汽船と桟橋との間に、惜別の色とりどりのテープが連綿と連なっているようでもあり、紅蛤《はまぐり》貝の糸足が岩面に固着したようでもある。前方に突っ張る紐はあったとしても非常に細く虚弱なものであるのに、後に垂れ下がった紐は無数に多く様々な色の種類である。その紐は頑強なことまたとない。例えば万が一にも、今日我らに徴兵令が下るとすれば、我らは言うであろう。ひとまず亡くなった父親の葬式を行い、年老いた母親に孝養するためには故郷に帰って見なければならず、子女教育と就職活動のためにはソウルに住まねばならず、その外に恋愛問題、離婚問題、生活の心配などを解決してから従軍しますと。

聖書が最も憎悪したものとして教えるものの一つは戦争である。しかし、軍人と軍馬に対してはむしろ善い教訓の材料に使われた場合が少なくない。イエスが「イスラエル人の中で一度もこのような信仰に出会ったことがない」と激賞されたのは、「わたしも権威の下にある者ですが、わたしの下にも兵士がいるからこれに行けと言えば行き、彼に来いと言えば来るし、わたしの僕にこれをせよと言えばします」(マタイ八・九)と答えた百卒長を指してのことである。人間生活の中で絶対命令に服従してみたことのある者は幸福者である。このように考え自らを省みる時、懺悔《ざんげ》の涙が複雑な胸を静かに流れるのを感じながら、私は若くして単純な軍人たちの列車を多大な敬意をもって送迎する。(三月十日記)

(一九三四年四月　六三号)

経済生活と信仰

私の今日までの生涯で会った人の中で、最も悪賢く隠れて悪行をほしいままにする卑劣な人物が常用していた口ぐせは、「なあ、君、私は金に関してはこうであるが、その外のことでは実際信実な人間なんだよ」と言いながら、自分の信用ならない行為を弁明するのである。しかし、この人は家族と親戚と友人の財産に損害を与えるだけ与えておいて、自分は結構いい生活している。

もう一人私が会った人の中で、最も畏敬してやまない先輩の経済生活上の口ぐせは、「返す時になって、きちんと返すことができない人は取るに足らない者だよ」と。すなわち返済せねばならない時が来たのに、支払うべき金を持ち合わせない人は、人として失格者であるという意味であった。読者は私が余り金のことばかりに偏《かたよ》るようだと言うかも知れないが、これが信仰生活の極致だと信じると言えば驚く人も少なくないだろう。

また、この方が言われるのに、「私に才能が無くて知恵を働かすことができないと思うかね、実際は神が怖くて知恵を働かさないだけだ・・・・」と。人間幾ら愚鈍な者であっても、その年が四十歳前後になると、人をだまして金もうけする悪知恵だけは働かすものだ。特にソウル市内の鍾路の街で成長した人であれば、その悪知恵だけは特別に豊かだ。わずかばかりの悪知恵を働かすと、金もうけする機会がいくらでもあるが、敢えて行わないのは「神に仕えて」生きているからだと言う。見よ。これは有神論ではない。神を信じるというが、これほど「信じて生きる人間」を見たことはない。こうした標語で生きる結果はどうだろうか？　自分のためには常に貧しい生活をしながら、他人のためには何時でも援助できる資金が備えられているのが、彼の生活の特色である。

我らの信仰に賛同し憧れてついて来ようとする兄弟に、経済的生活の原則を立てておいて新生活を築く事を指導しようとして、驚くほど手強《てごわ》い反撃に出合ったことがある。曰く「私はこんなに生活の内容にとやかく言われたのは生れて初めてのことだなあ」と。これは永遠の生命を求めていた金持ちの青年が、「律法を実行せよ」とのくだりまでは、はい、はいと言ってついて来たが、「自分の持っているものを全て売って貧乏人に与えて私に従え」（マタイ十九・一六以下）と言われて、最後は自分の人生観に固執したのと同じ「我流信仰」である。

自ら定めたかあるいは必要によって制限された予算範囲を、一銭でも超過することは累を他人に及ぼすだけでなく、収入の門を広くしてから清濁を併せて飲む妙技を披露しなければならなくなるのは、定まった道理である。『聖書朝鮮』は仮りに来月号で中断されるとしても、今日までその主筆と家族が厳格な経済生活の枠をたてて生きて来たので、その印刷費を含め一銭たりとも他人に累を及ぼさず来たことと、誌代の前金払い込みを返済できるよう積立金を準備していたことなどは、信仰的にみて決して小さな事でないと思い努力してきたのである。それ故、我らは形のない信仰が最も具体的に、最も実質的に、最も身近に現われる経済生活を疎《おろそ》かにする人達と、信仰を論ずることに興味をもたない。

（一九三九年一一月　一三〇号）

滅ぶなら、滅ぶべし

ユダヤ人の孤児、その叔父モルデカイの養女とされた後、定着する所無く放浪していた少女エステルが、意外千万にも当時の大国ペルシヤ王の王妃に選ばれて後、間もなくのことである。高官ハマンの悪巧みにより、二百余万のイスラエルの民が一朝にして殲滅《せんめつ》させせられる運命が身近に切迫した時、しなやかな手でよく一民族の悲運を転換させせることができたのは、実にエステルの「滅ぶなら、滅ぶべし」（エステル四・一六）という一言の力であった。

エステルが冒した冒険がどれほど危険なことであったかは、ペルシャ王室典範を見なければ分からない。エステルは少なくとも「死」を覚悟して冒険をしたのである。米大陸を発見したコロンブス、ウオルムス会議に臨んだルター、南北戦争を宣言したリンカーン、暗黒大陸を探険したリビングストンなどは皆、エステルのように「滅ぶなら、滅ぶべし」という信条で生きた人達である。彼らはそれ以外他よりも別段異なったところは無かったが、そのことが貴いものであった。

現代人たち——信者、未信者の別無く——の最も願うことは「地に手をついて泳ぐこと（注・物事を無難に行うことのたとえ）」である。結局、恩給制度、保険制度はもちろんのこと、子弟の教育、実業の経営、宗教への帰依などは、個人的にも団体的にも「地に手をついて泳ごう」との目的を果たそうとするプロセスに過ぎない。しかし、実際に水泳をするならば、地に手をついてする間は水泳の真の味は永久にわからない。溺れれば溺死する危険のある大海でこそ、初めて遊泳の醍醐《だいご》味が出るのである。

生物がその生命を発育させ、種族を保持するには、「地に手をついて泳ぐ」主義が安全なことは安全であるが、そこでは機械が回る摩擦音は聞こえるとしても、生命が躍動する喜びの歌は発せられない。鮭が清き渓谷をさかのぼって泳ぐのと、鯉が滝に逆らって飛び上がることなどは危険と言えば実に危険なことだが、これはどうすることもできないのが生命の本質なのだ。生命が強靭《じん》なほど鯉は滝に出会った時、飛び跳ねずにはいられないのだ。

キリスト教の信仰生活を要約すると、その実相は「滅ぶなら　滅ぶべし」という覚悟の生き方がその全部である。アブラハムがその独り子イサクを祭壇にささげた時、モーセがイスラエルの愚かな群衆を引き連れて出エジプトした時、彼らは後世の我らが読むところの不思議な奇跡が当然あるものと予め知って行ったのではない。ただ分かることは、「滅ぶなら滅んでもよし」と絶対命令に従順に服したということだ。

ダニエル、ハナニヤ、ミシャエルとアザリヤなどのユダヤの少年たちが、当代のバビロン王ネブカデネザルの威風にも屈しなかったのは、彼らが何か占いや呪いの術とか夢でとか、あるいは聖霊でもって獅子の洞窟《どうくつ》からも安全に生還し、溶鉱炉からも無事救出されることを予め保障されたから敢行したのではなかった。ただ「滅ぶなら滅ぶ」としても、義にかなうこと、神意に合ったことならば敢行し、地に手をついて泳ぐように安全なことであっても、不義なことは拒絶する。そのように行った結果、神の方からの特別な能力でもって彼らは救い出されたのである。

信仰生活を占師のように吉凶禍福を予測することだとか、特別な請託で神の恩寵をだまし取るのが当たり前だと思うとしたら、それは大変な誤解である。信仰生活は奇術などでなく、天下の大道公義を闊歩する生活である。「滅ぶなら　滅ぶべし」という覚悟をもって。

（一九三四年四月　六三号）

おおよそ策略を唾棄《だ》する

聖書の人物の中に我らの満腔の同情と敬意を引く人物が一人いるが、それは彼《か》の有名なヨセフでなく、その兄ユダがその人である。創世記四十二章以下に記載されたヤコブの十二人の息子達が、エジプトで相合う場面ほど劇的な感激を我らに与えるものはないが、人々はヨセフの威風堂々たる風采に恍惚としてしまい、ユダの至誠、純真さを見落としやすい。

たとえ悪意の策略でないとしても、ヨセフの兄弟達に対する態度には表裏があり、策略があり、政治家的な俗臭芬々《ふんぷん》たるを覆うことができない（四二〜四四・一七まで参照）。だが、これに対するユダの言行はまことに至誠至純の結晶であった。

この時ユダは彼（ヨセフ）に近づいて言った、「ああ、わが主よ、どうぞわが主の耳にひとこと言わせてください。しもべをおこらないでください。あなたはパロのようなかたです。わが主はしもべらに尋ねて、『父があるか、また弟があるか』と言われたので、われわれはわが主に言いました、『われわれには老齢の父があり、また年寄り子の弟があります。その兄は死んで、同じ母の子で残っているのは、ただこれだけですから父はこれを愛しています』。その時あなたはしもべらに言われました、『その者をわたしの所へ連れてきなさい。わたしはこの目で彼を見よう』。われわれはわが主に言いました。『その子供は父を離れることができません。もし父を離れたら父は死ぬでしょう』。しかし、あなたはしもべらに言われました、『末の弟が一緒に下ってこなければ、おまえたちは再びわたしの顔を見ることはできない』。それであなたのしもべである父のもとに上って、わが主の言葉を彼に告げました。ところで、父が『おまえたちは再び行って、われわれのために少しの食糧を買ってくるように』と言ったので、われわれは言いました、『われわれは下って行けません。もし末の弟が一緒であれば行きましょう。末の弟が一緒でなければ、あの人の顔を見ることができません』。あなたのしもべである父は言いました、『おまえたちの知っているとおり、妻はわたしにふたりの子を産んだ。ひとりは外へ出たが、きっと裂き殺されたのだと思う。わたしは今になっても彼を見ない。もしおまえたちがこの子をもわたしから取って行って、彼が災に会えば、おまえたちは、しらがのわたしを悲しんで陰府に下らせるであろう』。わたしがあなたのしもべである父のもとに帰って行くとき、もしこの子供が一緒にいなかったら、どうなるでしょう。父の魂は子供の魂に結ばれているのです。この子供がわれわれと一緒にいないのを見たら、父は死ぬでしょう。そうすればしもべらは、あなたのしもべであるしらがの父を悲しんで陰府に下らせることになるでしょう。しもべは父にこの子供の身を請け合って『もしわたしがこの子をあなたのもとに連れ帰らなかったら、わたしは父に対して永久に罪を負いましょう』と言ったのです。どうか、しもべをこの子供の代りに、わが主の奴隷としてとどまらせ、この子供を兄弟たちと一緒に上り行かせてください、この子供を連れずに、どうしてわたしは父のもとに上り行くことができましょう。父が災に会うのを見るに忍びません」。

（創世四四・一八～三四）

と言って事実ありのままを告げたから、宰相のヨセフもついに自分の素性を明かして声をあげて泣いた。偉大なるかな、純情、真実、誠実の力！　兄弟よ、たとえ善い目的から出たとしても、策略と権謀術数で君の友人を試みるな。主よ、願わくばヨセフの兄ユダのような人の群れに、我らを一生涯残して置いて下さい。兄弟を試みず、真理に対して言い訳する必要がないようにして下さい。

（一九三五年七月　七八号）

現実生活と信仰

我らはヤコブの末流との誹《そし》りを受けるかも知れないが、信仰生活に重要な部分が現実生活――特に経済的な生活の在り方と不可分の関係があることを否認することはできない。学生時代や乙女の時代の信仰を実際生活に入って維持できなくなるのは、その信仰が観念の域を脱せなかった証拠である。それ故に「六十を越した寡婦のみ寡婦として正式に認め、これを正式にもてなせ」といったように、現実生活の責任と苦痛を真に経験した信仰でこそ、初めて信仰者であると言える境地に達した者とみる。

一方、教会について批評し、無教会を論じ、聖霊の体験を証言し、聖書の知識を自ら誇る聖徒が、三十歳を越して四十の坂に近くなりながらも、十年を一日のように、彼の親戚、旧友に寄生虫のように寄生した生活を続けている者を我らの周辺にしばしば目にする。不義な現世で善人が失業し、義人が飢えることは全く無いとも限らないが、それにもかかわらず忠告したいと思う。

「三十余歳でも独立生活ができないような者は、再び聖霊と聖書について議論するな。議論しないことが神に対する最大の奉仕である」と。経済的な独立生活を確立することは、決して小さなことではない。決してなおざりにすべきことではない。肉体と分離して霊魂は生きられないはずで、経済的な独立ができない信仰は信仰とは言えない。我らは復興会《リバイバル》参加よりも、聖書解釈の博識よりも、まず必死の努力を尽くして最小限度の独立生活の基礎を確立し、誰の世話にもならないよう生きることこそ人間の義務と心得る者である。

思想を語り信仰を告白する時は志士のようでもあり天使のようであった人物が、金銭の貸借に関しては、千秋が一日のように言い訳で毎日をとり繕う聖徒(?)がいないわけではない。彼らは弁明するに、「私は金銭にはいいかげんなところがあるが、他の事にはそうでない」と。

しかし、現世で金銭に誠実であり得なかった者は、すべてのことに不誠実であることを隠せない。貸借関係を清算できない生活には、必ず虚勢、虚偽が影のようにつきまとうためである。収入を無限大に拡げられないのなら、いっそのこと支出を収入の範囲内に減らすことに一大勇断がなければならない。

このことを、世俗的なことだと一笑に付すべきではない。収支が引き合うように生計を立てるためには、目に見えるあらゆる虚偽をなくしてしまう必要があり、毎日新に躍進する兵士の気概があってこそできることである。だから、このような日常生活は、すなわち信仰の現実化、生活化にとっての重大事なのである。

半島が狭いというが、全地域の三割に満たない平野だけを言うからである。残りの七割余りの山林に牧畜と開墾を実施するならば、現人口の三、四倍を扶養することも難しい事ではないという。まして満州の平原も高句麗の後孫の力を待つこと切実であるというから、我らは勤労と節約で信仰の生活化に大きく飛躍するように努力すべきである。そうして、生活に不安がないことを信仰の生涯の証拠とすべきである。

（一九三八年一月　一〇八号）

信仰強化の秘訣

篤実な信者であればあるほど、自分の信仰の脆弱《ぜいじゃく》なことを嘆息する。冷静に考える時、誰でも脆弱でない人はいない。福音を伝道しようとする時も、もう少し偉大な信仰を、もう少し学識を、立派な友人達を、充分な資金を、集会出版の自由を……持てたらという考えが起らなくはない。しかし、こうした考えを懐く間は、我らは決して強い信仰の人にはなり得ない。それは既に持てるものが余りにも多いためである。なぜなら、パウロ先生が言うに、

主が言われた、「わたしの恵みはあなたに対して十分である。わたしの力は弱いところに完全にあらわれる」。それだからキリストの力がわたしに宿るように、むしろ喜んで自分の弱さを誇ろう。だから、わたしはキリストのためな

るであろう。
（一九三七年一〇月　一〇五号）

らば弱さと、侮辱と、危機と迫害と、行き詰まりとに甘んじよう。なぜなら、わたしが弱い時にこそわたしは強いからである。

（二コリント一二・九～一〇）

と。すなわち、我らが願う通りに強さを得られないのは、自分の健康に頼るところがあるからである。名誉と地位を保持しようと、主キリストのために辱められることを避けるためである。資金が無いと言うのは、まだ所有する財産が残っているためであり、自由が無いと嘆息するのは、十字架に死んだ主イエスの迫害と艱難を分担する覚悟が無いためである。

現在持っているもので十分と思い、弱さそのまま、窮乏そのまま、無知そのまま、まず主キリストのために辱しめを耐え忍び、ヤハウェの神に仕えることでやってくる艱難と迫害を甘受忍耐すべきである。その時、我らの信仰が自ずから強められることを悟

弟子たる者の満足

一

我らの雑誌から倫理、道徳を材料とした言葉や文章が出て来ないからと言って、不満を訴える人が一部にいる。それと同時に、我らから雷鳴、雷光のような「純霊的」キリスト教の出現を期待して、いささか失望、嘆息する兄弟もあることも知っている。また、我らが物事をなおざりにすると忠告する人もいる。

これに対し、我らは多技、多能をもってあらゆる人のそれぞれの要求をすべて満たし得ない者であることを悲しむばかりで、多くの言い訳けはしたくない。

考えるに、我らは倫理の教師、また雲の中にあらわれて霊界の特殊な神秘を引き出して異端新説を唱導する、所謂天才的な宗教家でもない。第一に、我らは「宗教家」ではなく平信徒だ。路傍の石である。道端の石である。宗教といえば異象を見る者、啓示を受ける者、占いや呪いを行って熱狂、叱咤をこととする者だけが誇り得るものとの見解を言い張る人は、気の毒ながら我らの議論する相手ではない。

ここにいるのは、現代の通常の教育を受けた凡夫がイエスを師と仰ぎ、キリスト教を世に伝道することよりもイエスに学ぶことに、イエスの肉を食べイエスの血を飲むことに没頭する者、平安のない時に平安である、平安であると言って人を慰めるよりも、まず自分があふれる慰めに感激して涙ぐみ、平凡な人間として常識をもって普通の人に、自明な人生の道理を機会があれば伝えようとしているだけである。我らは左の一節を読んでイエスを崇め、彼に従おうと望むのである。弟子たる者にとってその師を仰ぎ見ること以上に、更に大きい満足と歓喜が何処にあろうか?

それは子供たちが広場にすわって互いに呼びかけ、「わたしたちが笛を吹いたのに、あなたたちは踊ってくれなかった。弔いの歌を歌ったのに、泣いてくれなかった」と言うのに似ている。なぜなら、バプテスマのヨハネがきて、パンを食べることもぶどう酒を飲むこともしないと、あなたがたは、あれは悪霊につかれているのだ、と言い、また人の子がきて食べたり飲んだりしていると、見よ、あれは食を貪る者、大酒を飲む者、また取税人、罪人の仲間だ、と言う。しかし知恵の正しいことは、そのすべての子が証明する。(ルカ七・三一〜三五)

弟子たる者としては、主イエスが受けた応対を受ければそれで満足の極みであり、イエスが受けた誤解とよく似た誤解を受けると、その栄誉これに過ぎるものはないのである。

二

時に親切な先輩は、我らに向かって事業経営の秘訣をしきりに説いてやまない。「そんなやり方では朝鮮に合わないから失敗するだろう。こうこうすれば簡単で間違いなく成功も確実である。云々」。こうした言葉を再三、何十年間もキリスト教界に経歴をもった牧師さんたちから聞く時、我らはほとんど失望に近いものを味わった。

我らを仁川の投機市場で米の売買でもする者と目星をつけていたのか。そう考えると憤慨を禁じ得ないが、その態度の親切なのを見ては、その好意に逆らって反駁することはためらった。消えようとする灯火を消えないようにして、ただ内心でこう思った。

ろばは生殖器ばかりが発達して、やせ犬は糠を過度に欲しがるとか! 朝鮮にキリスト教が入って半世紀、始めから今日に至るまで彼らが願ったことは

「成功」の二字だった。しかも自分たちだけが願うことにあき足らず、路傍の石ころのような平信徒まで動員して、成功、成功また成功という。こんなことを聞いた時に聖句の真理性が切々と心に染みる。曰く、

あなたがたのうち、だれが思いわずらったからとて、自分の寿命をわずかでも延ばすことができようか。(マタイ六・二七)

と。誰かよく思い煩って成功を収めた者があるか？

また言葉ありて、

盲人は盲人の手引きができようか。ふたりとも穴に落ち込まないであろうか！(ルカ六・三九)

我らも盲人であるかも知れない。しかし、我らを導こうとする彼らこそ、盲人である。彼らについて行けば二人共穴に落ち込んでしまうだろう。過去の如き四十年を今後に延長して、失敗八十年を朝鮮キリスト教史に遺してしまうとしたら、地下で聖書の教訓がピタリと符合することに驚くであろう。

次に一考すべき「成功」とは一体何を指すものかである。雑誌の発行部数が数百または数千に達して、大きな会館と大衆を相手に集会を行えるようになることが果して「成功」なのか？　万一、成功の定義がそうだとすれば、キリスト教史上に果して成功したと言える人が幾人いるだろうか。

成功主義者の眼から見るならば、「主イエスよ、わたしの霊をお受け下さい。…主よどうぞこの罪を彼らに負わせないで下さい」(使徒七・五九、六〇)との言葉を最後に永遠の眠りについた人ステパノの一生も、哀れむべき失敗の生涯であったことになる。しかし、成功した百、千の伝道者よりも、失敗したステパノ一人がこの朝鮮に現われんことをこそ、我らは望んでやまない。

大使徒パウロの一生にも、所謂《いわゆる》成功ということは皆無であった。トロアスでマケドニヤ人の一人の懇

望する幻を見る時まで、小アジヤでは慰められるほどの成功を収めることはなく、やむをえず他の大陸に渡って行くことになったことを我らは知っている。マケドニヤの第一の町ピリピで騒乱罪によって投獄されてから、ローマで「その言葉を信じる人もおり信じない人もいて、互いに合わないので別れて」行くのを見て、イザヤの言葉を引用してその民を嘆くまで（使徒一六章以下参照）彼に見るべき成功はなかったし、大使徒の晩年は極めて寂しいものであった（二テモテ四・一〇以下）。

俗眼で見てさらに議論するまでもなく、パウロの生涯はこの世的にみても失敗の一生であった。しかし、パウロ自身は決して失敗とは思わなかった。否、失敗そのものを「成功」と見なした。それ故に、彼の晩年にはむしろ凱旋将軍の気概と歓喜があった。

わたしは戦いを立派に戦い抜き、走るべき行程を走りつくし、信仰を守り通した。今や、義の冠がわたしを待っているばかりである。かの日には、公平な審判者である主が、それを授けて下さるであろう。（二テモテ四・七、八）

これが失敗者の悲鳴か！　パウロはこの勝利を得るために、「わたしはすべてを失ったが、それらのものを糞土のように思っている」（ピリピ三・八）と公言している。このパウロの成功を成功と思わないで、これと反対のものを「成功」と称して我らに勧め励まし、あるいは指導しようとする者は、彼が如何なる学識をもっていても、彼に幾十年の経歴があっても、彼がどれほどの情誼と親切の故に忠告をしてくれるとしても、我らは断固としてイエスの言葉を繰り返さざるを得ない。「サタンよ、引きさがれ！」（マルコ八・三三）と。万一、机の上にインクびんが置いてあったら、当然彼の唇に向かって投げつけたことであろう。

「成功」とは何ぞや？　イエスはこれを教えられ、

パウロはこれに向かって駆けて行き、ステパノはこれを得ようとして讃美のうちに眠りについた。創世記から黙示録まで「人生の成功」をこのように明らかに教え示されているのに、これほどにそのことを理解し得ない時代がどこにあろうか。正しく知っても行なう能力がないとすれば同情しなくもないが、なぜ勝手に真理を割引くのか？　なぜ自己流の処方で加味湯（注・漢方の処方薬に他の薬材を入れて混ぜた湯）を作って世の中を惑わし、他の盲人まで穴に落とし込むのか？

　余りにも明白な道理なので、この上に聖句を引用し証明する徒労を略して、東洋にある「主の道を備え、その勝利の道を固くしよう」という賢者の教訓から学びたいと思う。

　梁の恵王が「叟不遠千里而来、亦将有以利吾國」（叟《そう》、千里を遠しとせずして来る。亦将《またまさ》に以て吾が國を利するあらんとするか。）と尋ねた時の孟子の答は、大抵の朝鮮人はほとんど知っていることだし、また知っておくべきである。即ち「対曰、王何必曰利、亦有仁義而已矣」（対《こた》えて曰《いわ》く、王何ぞ必ずしも利を曰《いわ》ん。亦仁義あるのみ）と。我国を我が教派とおきかえて見よ。何ぞ必ずしも利ありと曰《いわ》んや。何ぞ必ずしも「成功」ありと曰《いわ》んか。

「朝聞道夕死可矣」（朝《あした》に道を聞かば夕べに死すとも可なり）を口ぐせのように暗誦してから数十年たったか、幾百年間たったか。毒蛇の同類たちよ。何ぞ必ずしも利ありと曰《いわ》ん。何ぞ必ずしも成功ありと曰《いわ》んか。三十年、五十年の信仰生活を回顧しながら、「わたしは、昔年若かった時も、年老いた今も、正しい人が捨てられ、あるいはその子孫が食物を乞い歩くのを見たことがない」（詩篇三七・二五）と、後進を奨励する老人が二千万分の一もいないというのか。

　問いもせず乞いもしないのに、どうして必ず利益を曰《いわ》んやであり、どうして必ず成功の秘策を言うのか。朝鮮青年には、義に対する感受性と真理に向かう執念は全く無かったのか？　何ぞ必ず曰《いわ》んや、成功の餌で青年を誘惑しようとすると。

キリスト教は信じないにしても、孟子の教訓は感嘆すべきである。それ故に、成功の秘伝にはたいして興味を持たないことを承諾せよ。

我らはステパノの殉教に「成功」を見る。使徒パウロの壮絶な生涯から「勝利の冠」を見る。「きつねには穴があり、空の鳥には巣がある。しかし、人の子にはまくらする所がない」（マタイ八・二〇）と言われて、ついには十字架の上に惨敗の極《きわみ》に達せられたキリストの内に「成功の実」を見て、そこに宇宙征服の真理を見た。一にも真理、二にも真理、三にも真理だ。真理を学び真理に生きるなら、失敗も成功であり十字架も成功である。

イエスが主幹した雑誌が幾千部の読者をもったか？　イエスが所有していた会堂がどれほど高く大きかったか？　イエスの所属していた教派の教徒が幾十万を数えたか？　我らは見識が浅くして知ることができない。

イエス以外の道を求めず、師より勝《まさ》った成功を望まない。弟子の満足はここにあるのだ。

（一九三〇年四月　一五号）

幸いなるペテロ

マルコ福音書十六章一～八節の読解

参照マタイ福音書二十八章一～八節
ルカ福音書二十四章一～十二節
ヨハネ福音書二十章一～十八節

聖書本文を一読すれば、右の四福音書に共通する真理が何であるかはだれにも明瞭である。すなわち、これは婦人たちがイエスの復活した墓に行って見た事実を記載したものである。おおよそは四福音書が互いに同じであるが、細かい個所に関しては多少差異がないわけではない。例えば天使を見たというのは同じだが、マルコには「一人の少年」、ルカとヨハネには「二人の天使」とあるし、マタイにはその数を明記しないでただ、「顔が稲妻のようで衣服の白さが白雪のようだ」と書かれている。このようなわずかな差異があるのは、むしろ、当時その非常な光景を目撃した者の興奮した心情そのままを、如実に伝えたものだとの証拠というべきである。

時間について、マルコによると「安息日が終ったので」（二節）とあるし、また「週の初めの日に、早朝」といい、「日の出のころ」といって正確な時間ははっきりしない。マタイには「安息日が終って、週の初めの日の明け方に」とある。（朝鮮語聖書マタイ二八・一に「安息後初めの日になろうとする未明に」とあるのは意訳であり、忠実な原文訳ではない）要するに四福音書を総合して、時間は日曜日の明け方の朝日が初めて輝き出す時と解するのがよいようである。

復活問題は今ここで詳しく論ずべきところでないので記載された事実通りに取り、七節の弟子たち及びペテロと復活したイエスとの出会いを詳しく考えて見たいと思う。

七節の天使の言葉は二つに解釈できる。第一に「弟子たちとペテロに」伝えよというのは、弟子たちの代表、あるいは一番弟子の意味でペテロの名前が書かれているのであって、これはペテロを特別に指したものではなく、「弟子たち」というところに重点を置くというべきであろう。

第二の解釈はペテロを特別に指示したし、またそうする必要があったというのである。その必要とは何であるか。

十二使徒が、皆、特別に選任された者だったのは論ずるまでもない。しかし、その中でもゼベダイの子ヨハネとシモン・ペテロは主イエスに格別に寵愛されていた。会堂司ヤイロの娘を蘇生させた時、同行を許されたのも彼らであった（マルコ五章）。高い山に登ってイエスの顔が白雪のように変貌《へんぼう》した時、イエスについて行ったのも彼らであった（マルコ九章）。ゲッセマネの最後の勝利の祈りを最も近い所で見聞したのも彼らであり（マルコ一四・三三）、ユダが口づけしてその師イエスを敵に売り渡し、祭司長に捕らえられ連れて行かれた時、その門内にまでついて行ったのもペテロとヨハネであった（ヨハネ一八・一五）。

このように人並み外れた愛と信任を受け、また主を熱愛していたペテロとヨハネがイエスの十字架に出合い、大変な失望と特別な悲嘆の中にあったことも推測できない事ではない。

それればかりでなく、ペテロは最後の晩餐が終わった後、主イエスに対する固い決心を告白した。

ペテロはイエスに言った。たとい、みんなの者がつまづいても、わたしはつまづきません。ペテロは力をこめて言った。「たといあなたと一緒に死なねばならなくなったとしても、あなたを知らないなどとは、決して申しません。」

（マルコ一四・二九〜三一）

と。ペテロは自身の真心を吐露すると同時に、すべての弟子たちの本当の願いを表明したのであり（マルコ一四・三一）、また二千年後の今日まで、全信徒の赤誠を代弁したのであった。キリスト信者として、だれがペテロを敬愛しないだろうか。

　ところが、痛憤すべきことに、ペテロに対するイエスの予告は余りにも見事に的中してしまった。まず、ペテロは師であり主であられるイエスが生涯最大の危機であるゲッセマネで祈られ、「汗が血のしたたりのように地に落ちた」（ルカ二二・四四）時にもひと時も目をさましておれず、動物的本能のまま眠りに陥っており、後にイエスから「心は熱しているが肉体が弱い」という同情の言葉をかけられるなどの失敗をしている。

　次にペテロは、祭司長の家の中庭で三回もイエスを知らないと言ってしまった。この一節を読む時は、自分自身の名前をペテロに置き換えて読むのが最も有効な読み方の一つであろうかと思う。

（一）ペテロは下の中庭にいたが、大祭司の下女の一人が来てペテロが火にあたっているのを見て注目して「あなたもナザレ人イエスと一緒にいた人だ」と言うと、ペテロは否認して「わたしはあなたの言っていることなど知らないし、わからない」と言って、前の庭に出ると鶏が鳴いた。

（二）下女がまた見て、横に立っている人に再び「この人もあの連中だ」と言ったら、ペテロはまた否認した。

（三）間もなく道に立っている人たちが、再びペテロに「あなたはガラリヤの人だから明らかにあの連中だ」と言うと、ペテロが呪い誓って「あなたの話してるその人は全く知らない」と言うと鶏が二度目に鳴いたので、ペテロはイエスが彼に言われた言葉、すなわち

「鶏が二度鳴く前にあなたは三度わたしを知らないと言うだろう」と言われたイエスの言葉を思い出し、そして思いかえして泣きつづけた。

（マルコ一四・六六以下）

この終わりの一句、「思いかえして泣きつづけた」の原文は大変強い意味であるが、訳文にはそれが現わされなかった。**kai epibalon eklaien** の原意は「体を地に投げ出して泣いた」または「頭を隠して泣いた」という意味なので、これをルカ福音書二十二章六十二節の「外に出て声をあげて痛哭《つうこく》した」という記述と総合して、「全力を尽くして身もだえしながら声をあげて痛哭する」と読めば、当時のペテロの心情を理解する助けとなるだろう。

一度口の外に出た虚言に固執したその瞬間、彼を悪からもっと悪いところに陥らせた（**A lie once told was persisted in,and he quickly went from bad to worse.**）。ペテロはイエスを裏切った自分を発見した時、恐らく初めて戦慄《りつ》したことであろう。そして、そのような自分に怒りを覚え痛く悔いもした。しかし、歯ぎしりをし、舌の根を断ち切ったところで気が済むだろうか。髪の毛をかきむしり、筋骨を無茶苦茶に叩《たた》いたところでどうにもならなかったであろう。

彼はひたすら「天よ崩れよ、地よ飛び散れ」と声の限り泣き叫ぶ外に術《すべ》がなかったのである。ペテロが「思い出して泣いた」と言って、この一句を無頓着に読み過ごしうる個人と民族と時代は、その境遇が順境にあったからで、そのことを感謝すべきではある。しかし、その痛哭がどれほど重大な意味のものであったかは、恩恵によって知る者ぞ知るであろう。

洗礼者ヨハネが女の産んだ者の中で最も偉大な者であったことは、全人類を代表して神の独り子を証したからであったとするならば、シモン・ペテロの三回の否認も全人類を代表してのことである。また、痛哭したのはわたしに代わって痛哭することであった。万一、ウォルムス会議でルターが屈服したと仮定せよ。この時、人類は鉱夫の息子が大声で発したであろう「ペテロの痛哭」をもう一度聞いたことであったろう。その後の世界史を想像するだけでも身震いしないだろうか？　ルターよ、あなたは立派である。ペテロよ、あなたは残念で痛ましくある。

ペテロがヨハネその他の弟子達と一緒に、主の十字架事件で失望と悲哀に陥っただけでなく、その上三回も主を知らないと言った自分の卑怯と不信に覚醒した時、二度と主イエスにお会いする面目のないことを思い、できれば主に背き離れようとする考えがあったであろうことは、我らの日常の経験でも容易に推測できる。シモン・ペテロが網をもって予想外の大漁に遭遇した時に、「主よ、わたしから離れて下さい。わたしは罪深い者です」（ルカ五・八）と言ったのも同じ心のできごとであった。始祖アダムが善悪の実を食べた後、

主なる神の顔を避けて、園の木の間に身を隠した……あなたの歩まれる音を聞き、わたしは裸だったので、恐れて身を隠したのです。

（創世三・八〜一〇）

と言ったのも、また同様な理由であったのだ。

こんな時に、神は「主はわれらの罪にしたがってあしらわれず、われらの不義にしたがって報いられない」ばかりか（詩篇一〇三・一〇）、主イエスは七を七十倍して赦され、自分を三回否定したペテロを真っ先に訪ねて慰め励まされた。神の側にはその必要があったのである。ルカ福音書二十四章三十四節と第一コリント書十五章四十五節の記事を併読する時、イエスが復活後に特別にペテロに会われたこと、またその必要があったことが推察できるのである。

のみならず、ヨハネ福音書二十一章十五節以下に「ヨハネの子シモンよ、あなたはこの人たちよりわたしをより愛するか？　…わたしの子羊を養いなさい」と三回もくり返され、新たに信任されたことを聞くと、ペテロの多幸を羨ましがらずにはいられない。

しかし「ペテロの痛哭」が全人類と私自身の痛哭であったように、私もまた幸いなるペテロであることを悟るだろうし、感謝するだろうし、羨やましがられるだろう。これは福音の事実である。

（一九三〇年一一月　一二〇号）

社会時評

禁酒と禁煙

禁酒と禁煙は議論すべき問題ではない。実行すべき当然のことであるが、今なお甲論乙駁《ばく》する奇妙な現象をしばしば見る。甲が経済的な論拠から、毎日タバコ代十銭ずつを貯蓄すれば、一年三百六十五日に三十六円五十銭を貯え、子牛一頭が買えると言えば、乙は反駁して、そんなにして買った牛を山麓《ろく》で飼育していてオオカミに食われてしまったら、何の利益になるものかと言う。甲が生理的な理由を根拠としてアルコールの細胞に及ぼす害と、ニコチンの肺臓に与える悪い影響を論ずれば、乙は少量のアルコールはかえって消化の助けになるとの医学博士の証言を持ち出す。そして、便所の中で数学の難問題を解く時には、煙草《たばこ》を一服する必要があることを経験として答える。

それ故に、私も老婆心から今までは無効な空論として相手にしなかったが、最近統計数字がしばしば公表されるにしたがって、我らも一種の病人になってしまっていることを発見した。

病気というものは普通正常な人とは違ったもの、すなわち「異常」な状態を言うのである。昨年度一年間の酒代だけにしても、朝鮮の人口一人当たり平均四円五十銭であるが、教育費は一人当たりやっと一円二十銭だから、普通学校を一面（村）に一校設置する問題もまだはるかな将来の理想として残っており、文盲が全人口の八十％以上を占めている異常な現状なのである。

往年の民立大学校設立運動（注）で受けた民族的な恥辱を思い返せば、我らはすでに禁酒禁煙を議論する段階はすでに終わった。断乎禁酒禁煙すべきなのにこの有様である。もちろん、我らが一世を警醒できるほどの論陣を張ることはできないが、ただ大切なことは家庭に酒、煙草を置かず、自らこれを禁ずるだけでなく、如何なる場合にあっても酒、煙草《たばこ》を人に勧めないことである。

今の朝鮮の状況は、幾ら同情してみても病的だと判断せざるを得ないことを自ら認めぬわけにはいかないのだ。ああ、自分たちはやはり病人である。煙草と杯を見ただけでも発熱するようになったのだから、やはり病人なのだ。

少なくとも朝鮮内に一面一校が実現されて、文盲の数が今日の現状とは反比例となる日までは、この熱病は治る様子はないので、結局生涯の持病になるものと思われる。兄弟よ、我らの偽善を責める前に、まず、この治すことのできない民族の悪弊の苦痛に同情すべきである。


（一九三三年七月　五四号）

（注）一九二二年、朝鮮人による朝鮮人本位の大学創設を目標にする運動。総督府の圧力と資金難のために達成することができなかった。（監修者）

流行の先端

世の中が唯物論一色に塗りつぶされて、神よ、霊よ、と言いながら祈る者を嘲弄することが極みに達した時に、我らは祈る生活を始めたが、今はだれでも、この国、あの国、東洋、西洋でも、全国民、全人類が、何はどうあれ祈らずにはおられない時代を迎えた。今は祈る人を見て嘲笑できる者が、天上天下に一人も居ないのではないか。真に今昔の感切なるものがある。

ハイカラな髪を伸ばすことに気を遣っている学生心理がけしからぬので、教師の仕事をしている今日まで私自ら坊主（丸）刈りにして、所謂ハイカラをかなぐり捨ててから十年ひと昔のこととなった。しかし、最近になって国民精神総動員の余波として、まず大学生以下が全部私と同じようになったし、学校教師と学務官と府吏、面吏たちが私に追従せざるを得なくなったから、考えればこれも時代の快心事だと言わざるを得ない。

人間が大気中で太陽の光線に照らされながら汗を流して勤労すべきは、人類生活の公理原則だと考えて数年前に北漢山麓に茅屋を建てて引越した。今年の夏になって勤労報国の命令が全国に下り、生れつき労働というものをしてみたことがなかっただけでなく、非常にこれを賤視してきた先生方が、炎熱の下に立っているだけでも大したものだと私のような百姓仕事をする者を羨やんでやまないのだから、これもまた時代が変わったと言えば言えなくもない。

商人たちとかけ引きの術策を弄《もてあそ》ぶことが不快なことと、大商店に出入りすることに気まり悪さを感じるので古着古靴のまま辛抱してきたところ、今日となってはこれがかえって忠君愛国の標語になるくらいで、高位高官の地位にある人から町中の防護団員と配達人まで服装が一様になってきた。そういうことで、十余年前に少年斥候隊服のようだと笑い草になりながら着てきた自分たちの登山服が、今や時代の先端を行く流行服となった。

その他、ガソリン統制の強化が厳しくなるにしたがって自動車、オートバイ族が悲鳴をあげている様子を見ると、今日までは不人気であったものの、数十日または数か月を越えずして、自転車の全盛時代が来ないとは断言できない情勢である。

周囲の情勢がこのようになってみると、今のこの時代はちょうど我が世の春であるようだ。丸刈りに古着古靴でよく勤労し、ガソリンの世話にならず、自転車で自由自在に駆けまわる田舎者が、この時代の先端を行く流行児となった。

もちろん、ここ数年も過ぎれば今日の流行も無くなる日が来るだろうが、また五年、十年後には我らが時代の流行の先端に立つだろうことは確実である。

時代は来て時代は去るが、永遠なる神の言葉に従えば時に先端を行くこともあり、時に「時代遅れ」の嘲笑も受ける。おかしなものだ。

（一九三七年九月　一〇四号）

生きるか　死ぬか

「生きるために食べるのか、食べるために生きるのか」という問題は、古くからの課題であり、それぞれ自己流の答えがあった。今、クリスチャンに向かって「生きようとするのか、死のうとするのか」と質問すれば、如何なる答えが返ってくるだろうか？

そうでなくても他の隣邦よりも窮乏限りなかった半島の経済状況の中にあっては、景気とか不景気とかいう流行語の意味さえ詳しく考える余裕も無く、ただ、世界的不景気の大旋風に巻き込まれざるを得なかった。生活の苦しかった友人が更に苦しくなるという例は数え切れぬが、かなり豊かに生活していた親戚までも文字通りの赤貧状態に次々と陥って行く様子は、恐怖を感じなくしてはとても見るに堪えない事態ではないか。

そこで考える。共同組合運動？　農村事業？　如何にすれば彼らに仕事場を与え、生活の途を開けるようにできようか。全キリスト教会がその振興策を講究する時、まず農村事業を提議して、各地のキリスト教青年会でデンマーク国視察報告が盛んに行なわれるのは、当然の事と言わざるを得ない。それが真情から出たものであることは疑いようもなく、誰があげつらおうか。

しかし、食べることと生きることに関しては、キリスト教より更に有力な宗教と思想が多く存在する。見よ、現代に流行する〇〇主義者達が、その所信を広く伝えるのに勇ましく真実であるのに比べて、所謂キリスト教徒達のこの種の事業なるものが、如何に微温的であることか？　余輩は断言することをためらわない。人生の主要目的が食べて生きようとすることであれば、早くキリスト教を捨てて流行する〇〇主義者（注・共産主義者のことであるが、当時はこの言葉が使えず、「某々主義者」と表現していた）に改宗すべきだと。少なくとも彼らは、その主義による現実認識が的確であり、その言行が真面目である。

「朝に道を聞かば夕に死すとも可なり」というのは、キリスト教から遠くはない真理だ。元来キリスト教は死ぬ道を教えたのだ。キリスト教を現世の生計に利用して、豊かになろうとするから無力になってしまったのだ。キリストの一生はゴルゴタまでの直行であった。ペテロ、パウロをはじめとして初代信徒達のキリスト教は、より豊かに生きようとするキリスト教ではなかった。ルターは生きようとしてウォルムス会議に臨んだのではなかった。生命を求める者は失うだろうと警告された主イエスは、何よりも先に「生命を献げる」ことを要求された。特に魂の飢え渇きに臨んでいる半島のクリスチャンは、すべからく死ぬ事を覚悟して信仰すべきである。

（一九三二年五月　四〇号）

非常時局に対処する信仰の態度

元来キリスト信者の生涯というのは、明日を期待することができない暮らしである。今日まで生きられたのはひたすら主の恩寵によるのであり、今日夜中にでも生命を与えられた方が、その生命を奪い取られる事もあるから、明日の事を期待することができないだろうというのが聖書の教訓である。

そこで一つの譬を語られた、「ある金持の畑が豊作であった。そこで彼は心の中で、『どうしようか、わたしの作物をしまっておく所がないのだが』と思いめぐらして言った、『こうしよう。わたしの倉を取りこわし、もっと大きいのを建てて、そこに穀物や食糧を全部しまい込もう。そして自分の魂に言おう。たましいよ、おまえには長年分の食糧がたくさんたくわえてある。さあ安心せよ、食え、飲め、楽しめ』。すると神が彼に言われた、『愚かな者よ、あなたの魂は今夜のうちにも取り去られるであろう。そしたら、あなたが用意した物は、だれのものになるのか』。自分のために宝を積んで神に対して富まない者は、これと同じである」。（ルカ一二・一六〜二一）

と教えられた。またヤコブも、

よく聞きなさい。「きょうか、あす、これこれの町に行き、そこに一か年滞在し、商売をして一もうけしよう」と言う者たちよ。あなたがたは、あすのこともわからぬ身なのだ。あなたがたのいのちは、どんなものであるか。あなたがたは、しばしの間あらわれて、たちまち消え行く霧にすぎない。むしろ、あなたがたは「主のみこころであれば、わたしは生きながらえもし、あの事この事もしよう」と言うべきである。ところが、あなたがたは誇り高ぶっている。このような高慢は、すべて悪である。人が、なすべき善を知りながら行わなければ、それは彼にとって罪である。

（ヤコブ四・一三～一六）

と断言した。その他このような性質の教訓は、聖書には枚挙にいとまがないのである。こうした自明の真理を学んだにもかかわらず、昨日の生活から推し測って、今日と明日の生活を当然なものと期待しようとし、寄り掛ろうとし、昨年の生活で今年と来年、あるいは十年、二十年後の生活を推し測り計画するのが人間である。「人遠き慮《おもんばか》り無ければ、必ず近き憂い有り」という修身斉家《せいか》の教訓で育った我らは、遠き将来の事を考慮して計画すればするほど、賢明な君子であると理解するのである。それ故に老後の暮らしのために、子孫の教育のために……は本意でないといいながらも、すぐに真理を曲げて行なう事を自ら弁明しようとし、世間もまたそれを受け入れて別に怪しく思わない時代になった。

この時、人間に人間の実相を知らせるために、神は無限の慈悲心で以て灯火管制時代を到来させられた。他所《よそ》は知り得ないが、京城市はこうした光景である。灯火管制令が一度発布された後、街路灯と屋外灯を全部取り去ったために市内は暗黒の街と化してしまい、スピードを誇っていた自動車も道路わきに駐車してよけて置かねばならぬようになり、自転車までも消灯して引っ張って行けとの命令である。学校、工場、官庁などの時報のサイレンも一斉に停止され、市内が前より倍も静粛になり、防護団員達が各家庭の電灯まで消せと悪態をつくさまである。街路の要所、要所を立って守り、防空寄付金までも募集して危険の急迫した事をより一層刺激しながら、学校と工場と官庁、百貨店などの集団、団体には防空講習会と職員の配列編成と非常召集の系統作成など諸般の準備を整えて置き、今夜か明朝かといいながら、敵機の来襲を待機する形勢である。

これほど綿密周到な防護の施設と訓練を市民に強行しても、専門家の説明によると、むしろ危険を免れる事はできないという。

としたら、専門家の詳細で綿密な数字と理論は、むしろ無駄な恐怖心を人の心に植え付けるのでこれを略して、我らはこうした現実を念頭に置きながら、再び聖書の教訓に戻って恐怖よりも平安を得られるように、心を傷つけるよりも養うことに努力すべきである。誰の言葉だったか、聖書は地獄の門前で読んでこそよく理解し得ると。

兄弟たちよ。その時期と場合とについては、書きおくる必要はない。あなたがた自身がよく知っているとおり、主の日は盗人が夜くるように来る。人々が平和だ無事だと言っているその矢先に、ちょうど妊婦に産みの苦しみが臨むように、突如として滅びが彼らをおそって来る。そして、それからのがれることは決してできない。しかし、兄弟たちよ、あなたがたは暗やみの中にいないのだから、その日が、盗人のようにあなたがたを不意に襲うことはないであろう。あなたがたはみな光の子であり、昼の子なのである。わたしたちは、夜の者でもやみの者でもない。だから、ほかの人々のように眠っていないで、目をさまして慎んでいよう。眠る者は夜眠り、酔う者は夜酔うのである。しかし、わたしたちは昼の者なのだから、信仰と愛との胸当を身につけ、救いの望みのかぶとをかぶって、慎んでいよう。（一テサロニケ五・一〜八）

と。獄中と病床と貧困が信者の霊魂を害することができなかったように、非常時局に処した時も、霊界の豊年を招来せざるを得ないであろう。

最初から神を畏敬する事を知らず、キリストの足跡に従いたがらぬ者たちは論ずるまでも無かったが、敬虔な心を切望し、主イエスを慕う心が切でありながらも純真でない人が卑屈な行動を敢えて行った事は、全て明日の生活と子孫の事を心配するところから出たのであった。

今は清算すべき秋の季節ではないか。空襲の危険が軒先に届いたのが明らかならば、どうして詰らない生活を今日も継続しようとするのか。明日を期することができない人生だとすれば、今日という一日を、正しく勇しく千秋に恨みを遺さないよう完成すべきではないか。再臨の日は遠いとせよ、しかし、審判の時は差し迫っているのだ。何を逡巡するのか？　何をこだわるのか？　今や我らは目に見えぬ爆弾が何時頭上に落ちるか分からない境遇である。本誌の編集もそのことを考えての編集態度であるから、読む者の心構えもそうであることを望む。

（一九三七年一〇月　一〇五号）

非戦論無用の時代

今から約十余年前、東京市外のある小さな停車場で省線電車を待っている時、向い側の掲示板に、猫の首に「解雇」という札を付けた広告の絵が見えた。「猫いらず」というねずみ取りの薬の広告であった。とてもその着想が奇抜であり、その時も笑いを抑え難かったが、今でもその時の印象が忘れられない。

以前は国と国で意見が衝突する時には、所謂最後通牒というものが送られた。それからは限定した時間内に応じ従わない時は宣戦布告が公布され、ここに初めて砲門が開かれ、鞘《さや》から剣が抜かれた。その戦闘が殺伐な事は古今同様であるが、それでも最後通牒により、宣戦布告があった後の戦争は堂々たるものであった。結局、万物の霊長という人間らしい行動であった。

節足動物、昆虫類、双翅類に蚊《か》という動物がいる。「いる」というより夏の季節ごとに、だれ彼の区別なく蚊の苦しみを受けて過ごすのでよく知っているはずである。この動物は体が小さく筋力は弱く刺す毒がないのもよく知られているところである。だからといって群をなして襲って来るのでもなく、武器といえばただ三ミリの長さに満たない針のくちばし一つだけなのに、それでも人畜を襲う時は堂々と宣戦布告してから襲って来る。

もちろん、蚊の中にもあるいは声なく刺すような事が全く無くはないが、これはよく晩秋にあることだ。すなわち、蚊が人間社会の風習に染まって変化した後のことで、蚊本来の習性は、襲撃する時いつも大声をあげて敵に準備させた後吸血するようだ。我らは蚊をうるさく思うが、しかし、その行動に一種の敬意を表するようになったのは、近代国家生活を営む人類よりも大変礼儀正しく高潔であり、倫理的な心性を失っていないと考えたからである。この点に関しては、虎が人畜を害する前に必ず警戒を先にさせ、南米のガラガラ蛇が尾を振って警戒をさせた後襲撃するというのは、すべての動物に残っている高貴な性質だというべきである。

人類が今のように堕落する以前には、已むをえず槍や剣で勝負を決めることはあっても、まず最後通牒を発し、宣戦布告を公布した後砲門を開いた。その時代までは人類の中に好事家がいて、所謂非戦論なるものを主唱して、これにより全国民の迫害を受ける事までもあった。しかし、考えてみれば、その時までは人間の殊勝な時代だったといえよう。

だが今に至っては非戦論を唱道したがる好事家がいたとしても、彼は提唱する機会を得られずに終わるだろう。国際条約が発達した結果戦争はできないようになった。それ故に数千の兵卒が死傷する事変が発生して、国民は出征軍を喊声をあげて送り、又凱旋将軍を花輪で迎えるとしても、それは単に「事変」であって「戦争」ではなかった。これからはもっと甚だしくなるだろう。幾ら絶世の英傑が現われたとしても、今後、宣戦布告をして堂々たる戦闘を開始する人など、人間社会には現われないだろう。

世界の列強が無声の鉄砲と爆音無き飛行機を発明するのに先を争って没頭しているのは、彼らの窃盗根性を満足させるためである。戦争のない世の中だから非戦論の時代と言おう。だが、本当に人類の語彙から戦争という文字を消滅させた方は誰であろうか？　ベツレヘムで羊飼いたちの讃美を受けた平和の主イエスの厳《おごそ》かな力によるのだ、厳《きび》しいかな。最も強暴な国の君主も、戦争という言葉を口外できなくされた。悲しいかな、人間の卑劣な根性よ。喜ばしいかな、平和の主の声なき号令！

（一九三四年三月　六二号）

告白・宣言

仮死亡

先日、商業用帳簿類と伝票と封筒などの印刷物購入を依頼されたことがあった。印刷所に出入することと十余星霜に達したとは言え、こんな種類の印刷物は生まれて初めて取扱うので、はっきりしない注文書と親切でない印刷業者を相手にして、あちらこちらと交渉する時の苦労と不安は、まさに本誌一ヵ月分の編集に劣らないほど大変なものだった。

後に、幸いにもこの方面に多くの経験をもつ人からの詳しいアドバイスのおかげで、予期していた以上の良い品物を購入できたが、それでも注文者の気持ちに合うのかどうかという不安が、今もなお残っている。

自分の得意な方面以外のことには、善意によることであっても手を着けるべきでないことを、今度は切実に感じた。何事であれ、聖書に関することと学校に関すること以外にあえて手を貸そうとするのは、猿が木から落ちる時の、魚が水から出る時の心境であることを嫌と言うほど思い知らされた。お互いに不経済なること、これに過ぐることは無い。

京城府の区域拡張による府会議員補欠選挙に際して、元来このような政治的業務に興味がもてなかった私は、たとい有権者名簿に記名されていたとしても、府外に引っ越したのを理由にして投票の棄権を内心決めていた。

ちょうどその日、日曜集会の終わった後に、キリスト教会の革新演説を企画する学生の質疑に接して、真理のために使う時間と精力は無制限にあるかのように、サマリヤの女との会話（ヨハネ四章）のように、時間の過ぎるのも知らずに一問一答を続けた。

黄塵を払い洞内の清き小川を渡った時は午後六時半。この時電報一枚が到来して曰く。「投票急来某」。

既に鎮まっていた心は再び動き出し始めた。そのまま知らぬ振りをすべきか。あれほど体面も考えずに哀れみを乞うてきたのに、その人を冷遇してよいのか。心の中での葛藤が終わらぬ前に、身体は投票場に向かっていた。残りの時間は三十分！ 自転車で最大速力を出したのだが、遅刻で投票もできずに帰って来ると、その間に流れ失せたのは、時間にして正に二時間と車賃一円五十銭。残ったのは心身の過度な疲労と自らを責める悔恨だけ。

『聖書朝鮮』の刊行がないとしても状況は変わらない。『聖書朝鮮』誌を担当した頃は、友人と世の中に対する態度が違わざるを得なかったのだ。一日のうち一、二時間余計なことで脱線すると、その失った時間を補う余地の無い生活であった。「人を喜ばすべきか？ 神を喜ばすべきか？」ということは、想像の世界での議題ではない。今日の実生活の方針を決する問題なのだ。

天国と世の中を二股かけて立つ自分を深く後悔すると同時に、すでに政治的関心も断ち切った者であり、友情も無く、善いサマリヤ人（ルカ一〇章）となることも断念した者であることを友人に通知したから、これはすなわち第一次的死亡、つまり、私が仮死の状態であることを了解してくれるよう望む。決して人を無視するということではないが、死亡したとの訃報を発送するという意味である。

（一九三六年一〇月　九三号）

友人に告げる

「無友不如己者」(友にして己れにしかざる者なし)という教訓を一度学んだ後、私の切実な恐怖の一つは、交友の困難を心配する事であった。万一世の中の人がこうした聖賢の教訓を正確に実行するならば、自分のような知識が浅く不徳な者は、一生涯一人の友達も得られないことが明かなためだからだ。あるいは現在の私には、事実一人の友人もいないかも知れない。

しかし、幸い広い世間にはこうした聖なる教訓を文字通り履行しない人もいるらしく、少数ではあるが、人徳が高く学問に深い人にして私のような者に友誼を許そうとしてくれる人がいる。特に、『聖書朝鮮』を通してキリストの十字架で友誼を交換できるようになったことは、過去の杞憂を一掃しただけでなく、この少数の友人こそ自分の地上での生涯の所有の全てであり、栄光の全てであり、慰めの全てである。

キリストのために近親者からは捨てられ、信仰によって教会の嘲弄の材料となった時、地上で力となってくれるものは、ただ少数の友人たちの同情と理解だけである。友人達よ、私の冷たさを責める前に、まず私の周囲を見わたせ。私は決して友誼を軽視してもよい立場にある者ではない。

しかし、私は友誼に甚だ冷たく薄情な者であることを自認せざるを得ないが故に、このことは私にとって悲痛な事実である。友人達は前月の友誼、二、三年前の友誼、あるいは十年前の友誼で対応してくれるのに、自分は二、三ヵ月前の友誼さえ記憶できないばかりか、昨日までの自分を信頼することもできない人間である。それ故、毎日自分に向かって絶交を宣言している者であり、毎月『聖書朝鮮』誌を発送する時も、絶縁状を送られる積もりで投函せざるを得ない。真に悲痛な事であるが仕方がないことである。先月までの賛同者が、今月も協同者である事を期待できない。私は聖句を解釈する時、友人の信仰に調和させたり、また、社会に及ぼす影響を考慮して書く余裕がない。ただ標的に向かって発信するだけである。しかし、驚くべき事はこうしても月が去り年が過ぎた後、絶縁しなかった友人数人が残った事である。私はこの事を奇跡として驚嘆する。

しかし、今後も私は自分自身に向かって、また、敬愛する親友兄姉に向かって、最も苛酷な絶縁状を続けて出そうと思う。願わくばこの事を行なうのに勇敢であり真実であることを。また、願わくば絶縁状を出しても切れない友誼を、真理で結ばれた友情を、キリストの十字架を通して結ばれた友誼だけを保全して下さらんことを祈るのみである。よって、私という者が友情に厚くない者であることをここに通告する次第である。

（一九三二年一〇月　四五号）

市内聖書集会再開の辞

我らがこの場所で聖書研究会を始めたのは、本来咸錫憲先生が五山学校を辞職し、一意専心、伝道に携わるようになった時に、咸先生の集会としてであった。その時、私は司会でもしながら手助けする積もりだったのに、咸先生の上京が一日、二日、一ケ月、二ケ月と延期され、その間、今日だろうか明日だろうかと思いながら、臨時代理として講話してきたのであった。しかし、咸先生の予定は意外に延び延びになり、私の荷は日増しに重くなった。それ故、まず自分自身の責務から逃れるべく企図したのが、この前の休講であった。

ところが、咸先生は最近になって五山を離れられないことが明らかとなり、ソウル市内の集会は私の責任で継続すべきである事が、休講の間に明らかとなった。なぜ市内集会を継続すべきかを述べる前に、なぜ集会を中止しようとしたのかを先に語ろう。

(1) 既に社会の一員として教師の職務を担っているから、その事だけを熱心にやれば社会や国家の一分子としての責務は全て果たしているといえよう。日曜集会をしなくても、誰が自分を非難し得ようか。のみならず、機械でない人間の休養と、「温故知新」の自己修養の面から見ても休むのがよい。

(2) 集会の講師の役を果たす事はヤコブの言葉を待たずとも、一番最後に選ぶべき事である。多くの誤解を受けることであり、少なからぬ損失を受けることでもある。誤解の最大なるものは聖者として崇拝される事である。損失の第一は友人を失う事である。師弟の関係になれば、その日が友情の消散する日となることがこの社会の常例である。それ故に、一番大事な事は誰にも教えない事であり、第二には万やむを得ない場合は、極少数の者だけに教えるべきである。それで、今度も今日の出席者だけを今後の会員とし、以後欠席ごとに除名していって、一人もいなくなる時に集会の解散をする積もりである。学校の教師の仕事は避けることができないが、その外に何故自ら進んで「先生」の称号を受けようか。

(3) 既に足るを知る生活の収入があるのだから、日曜日まで勤務する必要を感じないためである。

では何故、集会を継続するかの答えはこうである。

(1) 初めはどうなっていたにしろ、この集会に霊的糧を期待する人が一人でもいる以上は、私が先に彼らを顧みずに離れ去る事はできないから。ただ一人でも真に切実に求める者がいるならば、日曜日の休暇だけでなく、いつでもどこでも血を流してでもやらねばと願うところである。

(2) 人を相手にするのでなく、キリストの福音を証しする以上、モーセの祈祷の時の腕のように、キリスト者は誰でも十字軍の連隊旗をいつも掲げて立っているべきであるから。
軍人達の戦闘の精神は銃剣の使用にあるのではなく、連隊旗に集中されたという。我が十字軍の戦闘も同様である。集会をここにヤソ坊主がいるという事を表示する旗幟《きし》と見る時、二・三人の集会も大変重要な意義が含まれている。それ故に誤解を甘受して損失に堪えながらも、我らは十字架の旗を再びつかんで立つであろう。十一月十九日明倫町で。

（一九三九年一二月　一三一号）

書生の遊戯

『聖書朝鮮』を「書生の遊戯」だと称する人達がいる。これはさほど称賛する言葉でもないが、必ずしも悪評でもない。我らも一日も早く遊戯の域を脱して専心尽力する事業にしたいと願ったのだが、全ての事は人間の思う通りにならない。それればかりか、専業には専業の長所があると同時に、専業の弊害が無くはない。遊戯には遊戯の弱さがあると同時に、遊戯の「無邪気」が存在するので、その「無邪気」さが、我らをして今日まで遊戯の楽しみを捨てさせないようにしたのである。また、将来専心して全力で聖書だけを研究し、伝道だけに力を尽くしながら本誌を主管する日があったとしても、「書生の遊戯」というその態度と精神だけは永遠に保持したいところである。それ故に、その理由を日常見ている事実に照らして語らせてほしい。

書生というものほど我らの性分に合うものは他にない。我らは「ナーリ」（注・官吏への尊称）でもなく「令監（ヨンガム）」（注・正三品と従二品の位の尊称、身分の高い人に使う）でもないばかりか、先生でもなく、もちろん牧師でもない。ただ書生である。書生の将来は未知数である。ただ人類の一員であり、学び、時に習いながら、無限に向かって発展して行きさえすれば足る者である。「三年間小学教師を勧めればその糞を犬も食わぬ」という諺《ことわざ》もあるが、世間で哀れな者は師範生徒になり切った師範生徒と、先生化してしまった先生である。

同様に、世間でおかしいのは神学生になり切った神学生と、教役者化してしまった牧師である。彼らにはただその肩書きが残るだけであり、一人の人間性を失った者なのだ。我らが書生という称号を受けるほどの者か否かは知らないが、万一そのように呼ぶ人があれば、身に余る光栄として甘受しよう。我らは一書生であり一人の人間である。

遊戯というくらい愉快なものはまたとない。遊戯は体操でもなく、競技でもなく、もちろん職業でもない。遊戯によって利を貪りたがらず、党勢を拡張せんとするのでもない。むしろ、身体は疲れ、被服の損傷を受ける事はあっても、無我夢中になって一心に集中してやまない。もちろん、職業に忠実なため殉職すれば人間の最高美徳の一つとして称賛されるだろうが、職業根性が発露される時には、人間の世の中で最も醜悪なものとなるのが職業である。

たとえば製薬会社に専属する売薬商と、伝道会社、あるいは聖書公会（注・聖書販売を目的に設立された機構）に専属して聖書を売って歩く所謂《いわゆる》勧書（注・キリスト教の売書人の別称）、或いは売書職というのも職業のために堕落した一例である。最近ある聖書学院在学生の一人は、『聖書朝鮮』の誌友たちが集まる集会の写真を撮って本部に報告することにより、自分の実習成績を上げようとしたし、ある伝道師は新任地に行ってみたら、実際の信徒数が文書上の信徒数の半分にも満たないことを発見し、前任牧師が栄転できた理由を納得し感嘆してやまなかったという。こういう事は一、二の例に過ぎないが、災いなるかな職人根性！

『聖書朝鮮』を遊戯だと評する言葉が職業的でないという意味ならば、我らは感謝してその評に甘んじる。本誌によって福音を受ける者が長老教会人であろうと、またメソジスト、あるいはホーリネス教会に入ろうと問うところではない。ただ、我らは聖書の真理を朝鮮の兄弟に伝えられれば満足であり感謝である。それ故に、我らは永遠に「書生の遊戯」を継続するだろう。

（一九三五年五月　七六号）

無用な興奮（上）

あるキリスト教機関紙に「無用な興奮」という題目で、『聖書朝鮮』誌とその主筆が論難されていると知らせてくれた人がいた。その筆者の卑劣な行為をさらに追撃しようとするのではないが、考えてみると、「有用」「無用」という文句が甚だ意味深長な文字であることを発見した。「有用なもの」と「無用なもの」を敏速に判別しようとするのは、すべての功利主義者の本性であると同時に、職業的宗教家の念頭から寸時も離れない損得勘定である。

梁恵王が孟子を接見した時、王は人間孟子として応待しようとせず、「有用なもの」であるか「無用なもの」であるかを先に知りたがった。それ故に問う言葉が「叟不遠千里而来亦将有以利吾国乎」（翁千里を遠しとせずして来たる、またまさにもって我が国に利するところ有らんとするや）といった。利するところ有れば「有用なもの」であり、利するところ無ければ「無用なもの」とする考え方である。この梁恵王の基準で見るとき、『聖書朝鮮』の過去六十号は、おそらく全てが「無用な興奮」の結果でないものはないだろう。益する事が無かったという評を受けてからは、弁明するよりも、むしろ、恥ずかしさを禁じ得ないところであった。

しかし、目を旧新約聖書に向ける時、「無用な興奮」で一身一家に害を及ぼした人達が何と数多いことか。エジプトのファラオ王宮で成長したモーセが、奴隷ヘブライ人のためにエジプト人を打ち殺しミデアン地方に逃げるようになったのも（出エジプト二章）、やはり「無用な興奮」の結果ということだ。この事によってモーセ自身には益することが全く無かったばかりか、カナンの祝福の土地を眺めながら、死ぬまでその生涯は苦難の連続であった。

また、カラスのえさを食べて延命していたが、後には「ヤハウェよ、もう十分です。わたしの生命を取り去って下さい」（列王上一九・四）と嘆願したエリヤの一生も、「無用な興奮」の結果であった。さらに、沸き立つ釜の水のように、堪えられずに叫んでいた涙の預言者エレミヤの一生も、国家と民族を救う効果が無かったから、その生涯の熱心も「無用な興奮」によるものであったといえよう。その他大小の預言者でこの「無用な興奮」の無い人はいなかったし、女の産んだ者の中で最も偉大な人物という洗礼者ヨハネが暴虐なヘロデ王に惨殺されたのも、やはりこの「無用な興奮」のなせる結果であった。

考えがここに及ぶから、「わたしの家は、祈りの家ととなえられるべきである、と書いてある。それだのに、あなたがたはそれを強盗の巣にしている」（マタイ二一・一三）と、「無用の興奮」をして台や椅子を引っくりかえされたイエスの激怒に同情せざるを得ない。また、彼にもし「偽善な律法学者、パリサイ人たちよ、あなたがたは、わざわいである。白く塗った墓に似ている……」といい、「ああ、エルサレムよ、エルサレム、預言者たちを殺し……」（マタイ二三章）と嘆かれるなどの「無用な興奮」が無かったならば、少なくとも三十歳前後で十字架にかけられることは免れたであろう。しかし、イエスは得にならない事、すなわち、無用な事にばかり興奮した人であった。我らもこの「無用な興奮」を模範としたくてキリストに従う者である。『聖書朝鮮』の過去に「無用な興奮」があったとすれば、これは感謝すべき事であり、将来にも万一『聖書朝鮮』に存在すべき理由があるとすれば、ただ「無用な興奮」を発するだけのためだと知るであろう。

（一九三四年二月　六一号）

無用な興奮（下）

Aの離婚

万事をさておいても、一度決心した事を是非とも履行するというのであれば、その心意気の健気《けなげ》な事を祝ってやりたい。けれども、離婚しようとするなら、四十歳近い糟糠《そうこう》の妻を追い出すよりも、君自身が裸で家を出て行け。恋愛に熱中しようとするならば、財産に冷淡であれ。「恋愛も財産も」というのは、その心意気が余りにも欲が深過ぎはしないか。

まして君には最も有利な条件で、彼女には全く不利な条件で、離婚申請書に同意をさせようとして毎晩妻を小部屋に追い込み、あたかも軍国主義帝国が弱小民族に向かって強制的に調印を威嚇するごときは、君の根性が卑劣だと言わざるを得ない。君に倫理道徳を説教はしたくない。ただ君よりも力が弱く、学識、識見、弁才無く悪意無く、泣いている弱者のために君の良識に訴えるだけである。

Bの孝行の道

再び転勤運動だと? 君よ、君が万一老親を養うためにいつも父母のことを心にかけ、朝に夕に仕えることに真心こめているならば、たとい君が社会的に貢献するところがなくても、我らは君の孝行の誠意から学ぶところがあるだろう。あるいは、君が私的関係を二の次に置き、一身をささげて仕事をすることが最大の義務であると悟ったとか、あるいは十分ではないが、日常の生計の対策に追われて教壇に立つ事を願うというのであれば、私は君のために斡旋の労をいとわないつもりである。

しかし、今日の君のように孝行に最善を尽くそうとするならば、教育界で働くことを一時断念せよ。君について私に照会して来た校長がいるとすれば、君を教師として採用するより、家に帰して親孝行に励むように勧めるのが社会経済にとって妥当だと答えるだろう。これは私の真情から出る言葉である。君よ、昔から赤誠の正義の人々が国に忠誠を尽くそうとして、父母に孝行を尽せなかった事を嘆き悲しんでこの世を去って行ったことを考えてみよ。彼らが君よりも無能であったためだと思うのか? あえてキリスト教的であれとは言わないにしても、ひとかどの男子としての生活が、どうしてそんなに迷いが多いのか?

Cの結婚

婚約の前に相談がないのに、結婚式の司式をお願いしますとはおかしいことだ。なぜなら、結婚は婚約によって始まるのである。あらゆる準備と儀式の様子など、婚約の時、既にその規模と程度が定められており、そして聞くところによると、お互いの美貌とかモダーンであること、あるいは富貴が婚約の条件だったのだから、借金をしてでも相当な準備をすべきであろう。

そして、極力盛大にやりたいのならば、教会堂で聖書の一節を読んで牧師に司式をお願いするよりも、公会堂でお偉い方の司式でする方が、罪が無いばかりか箔《はく》がついて良いだろう。

しかし、キリスト教的信仰が動機で結婚式をしたいなら、費用と心労と時間を節約すれば節約するほど良いと思う。そして、結婚式よりももっと大事なことが人間にはあることを学ぶだろう。

（一九三四年三月　六二一号）

成功を断念する

多年の間、牧会の経験があり復興《リバイバル》伝道事業に経験が多いある牧師が、我らの偏狭で固い話が受けないことをとても心配して傍観できないかのように、一策を献じて成功の秘策を語ってくれた。

「聖書雑誌を発刊して成功しようとすれば、教会の組織の内に入って行くべきである。教会の外に立って十年や二十年、三十年を叫んだところで、だれが耳を傾けてくれるものか。」

「教会の規定をよく守り出席さえよくすれば間もなく長老になるだろうし、長老になれて初めて総会での発言権も得られる。相当な地位を積んで置いて雑誌の水準は少し低くし、全てハングルで書くようにして、その後、各教会に広く宣伝すれば、数千部はもちろんのこと、一万部発売も難しいことではない」と。

しかし、この程度の聖書雑誌が、現在の朝鮮にあってはむしろ高級に属するかどうかは知らない。たとえ高級だと言われても、これよりもっと高級にすることはできないが、これよりもっと下げることは望まないし、また、できもしない。また、教職者達の名を連ねた雑誌だけを購読し、自分の教派から発行されるものだけを読む読者だとすれば、たとい千万人の読者ができたとしても我らの望むところではない。十人あるいは百人でもよいから、真理を求めて購読しようとする読者だけを、我らは誌友として要求する。それ故に、所謂成功は初めから断念している。

（一九三七年二月　九八号）

蛤《はまぐり》のために弁ず

漁夫の利という芳しくない警句は、「鷸蚌之争《いっぽうのあらそい》」という戦国策士の奇妙な比喩から始まった。策士の言葉通り一説を借用すれば次の通りである。

趙且伐燕、蘇代為燕謂恵王曰、今日臣来過易水蚌方出曝而鷸啄其肉、蚌合而箝其喙、鷸曰、今日不雨、明日不雨、即有死蚌、蚌亦謂鷸曰、今日不出、明日不出、即有死鷸、両者不肯相捨、漁者得而并擒之、今趙且伐燕、燕趙久支、臣恐強秦之為漁夫。

（趙まさに燕《えん》を伐たんとする。蘇に代って燕のために、恵王に忠告して言う。その時、私は易水（注・順天、保定間を流れ白河に合す）に来て通り過ぎようとした。蛤《はまぐり》はちょうど口をあけてひなたぼっこをしていた。それを見つけた鷸《しぎ》が、その肉をつついて食べようとした。蛤は口を閉じて鷸のくちばしを挟んでしまった。鷸《しぎ》は「今日も雨が降らず、明日も雨が降らなければ、死んだ蛤になるだろう」と言った。また、蛤も鷸に「今日もくちばしを離してやらず、明日も嘴を離してやらなければ、死んだ鷸になるだろう」と言った。両者とも頑張って相手を離そうとしなかった。そこで、漁師は両方とも捕らえることができた。今、趙がまさに燕を伐とうとし、燕・趙が互いに持ちこたえているが、私は強国・秦がこの漁師になることを恐れる。）

と言って、当時中国の趙、燕、秦などの列国の政情を説明するのはよいが、この説明を動物学的に見ると、所謂《いわゆる》皮相な観察であることを免れ得ない。特に蛤のためには万古に名誉を毀損されたというべきである。鷸と蛤が互いに争って「両者相捨つるを肯《がえん》ぜず」と結論したことは、中国の政客に博物学的知識が全く欠乏していることを如実に証明した。

鷸というものはうずらの体付きに似ており、長い脚と長いくちばしがあるので所謂渉禽類と言い、水のほとりの浅い所を歩きながら魚貝を捕らえて食べる鳥である。蛤というのは、朝鮮蛤、またはばか貝の二通りの意味がある。右の譬話が全く想像でつくりあげられたもので、海でとれる蛤と解釈してもよいが、中国内地で目撃したものならば、淡水産のばか貝と見るのがよい。

しかし、海産でも淡水産でもこの種類は通称二枚貝類という軟体動物で、二枚の貝殻が他の動物の口のような役目をして食物を食べはするが、決して、敵を攻撃する武器としても使用することはない。言うなれば個人住宅の間垣と正門、または、都市の城廓と城門のような作用をするのである。

だから周囲がひっそりと静かで外敵の心配のない時には、しばしばその二枚の貝殻を開放して日光にも当たり呼吸もするが、外敵が接近すると、二枚の貝殻を閉じ合わせて内部の柔軟な肉体を保護するだけで、鷸のような飛ぶ鳥を捕捉して、一大決戦を試みようという野心と勇猛さは決して持たないものである。

蛤は他を侵略する意思も能力もないものであり、危急な時にも逃走する機能も持たない生物である。ただ、蛤に造物主が許し与えた武器といえば石灰質でできた二枚の殻と、この殻を開閉する二種の筋肉があるばかりだ。平和な時には靭帯の力でゆっくり殻を開き、危急な時には前後二種の閉殻筋で、これもやはり急速にではなくゆっくり殻を閉じて籠城するだけである。

中国の策士が見て「蛤また鷸に謂いて曰《いわ》く、今日出でざれば、すなわち死せる鷸有らん、両者相捨つるを肯《がえ》んぜず」と云々《うんぬん》したことは、博物学的素養の欠乏によるとしても、蛤の心情を誤解することひど過ぎると言わざるを得ない。鷸のくちばしが蛤の殻にかまれたのは、丁度侵入する敵に大門や城門が閉鎖して、敵の手足や槍剣が門のすき間にはさまったような場合である。

能動的に侵害したのは鷸の方であり、蛤は危険を避けようとしただけである。二枚貝の願いを言うならば、鷸のくちばしをはさまないで全く完閉してこそ安心できるものだが、元来貝殻は敏速に開閉する能力はない。ただできることは、少しずつ完全に閉鎖できるように、閉殻筋を収縮させてみる以外に別の方法が無かっただけである。

こうした二枚貝類の習性を知って見ると、蛤が答えるに「今日出でざれば、すなわち死せる鷸有らん」と言って、利欲を貪る考えで両者相捨つるを肯《がえ》んじなかったと言ったことは、事実に合致していないことが分かるであろう。

少しだけでも開けてやっておれば鷸は逃げ去った

ろうと言うが、これは蛤には無理な注文である。不可能を要求することである。この無理解な観察と無理な要求で、たとえ燕、趙列国の政情を説明するための方便だとはいえ、身命を傷つけられた蛤を、千代に伝えるのは二枚貝類の種族のために遺憾千万なことである。

後日蛤の後孫が、万一学術講演会を開催する日が来るとすれば、千秋に名誉を汚した蘇代に向って、痛憤をこめて弁駁《ばく》することであろう。我らが蛤に同情を禁じ得ないのは、彼が不当な不名誉で万代にわたり、最も代表的な嘲弄の種となることである。「蚌鷸《ほういつ》の争い」と言い、漁夫の利と言うが、鷸は当然受くべきを受けたが、蛤は不当な扱いを受けて遺憾千万である。

万一我らに蛤を評させれば、彼は無知無能で頑固不器用なものであるだけだ。頑固一徹で身命を亡くすことは称賛すべきでないが、それでも利欲を貪って相手を捨てられずに漁夫に捕らえられて行ったということは、その倫理的な評価に天地の差がある。

蛤がよくなし得ることは、一旦緩急の場合ただその両殻を閉合することである。他の動物と違って、あるいは緩めあるいは締めることも知らない。ただ厳しく閉ざすことだけを知る。懐柔も威嚇《いかく》も無用でただ封鎖に全力をそそぐ。唯一閉門する外には無能だということと、融通がきかず、ただ強情を張ることが蛤に帰せられる当然な評価であると思う。そして蛤君も、このような自分をよく知るが故に、頑固一徹という以上の世評を求めはしないだろう。

○

振り返って蛤に同情せざるを得ない者の過去を回顧するに、時は十有五年前であった。東京市の長屋の二階のある下宿で、青雲の志を胸に抱いた二少年の間に、思いもかけずキリスト論争が始まった。甲がキリストを神の独り子が正しいと説明すれば、乙はキリストを処女の私生子だとからかった。甲はかって、己未年（一九一九年）に西大門刑務所に投獄された経験をもつ者だけに、こんな時には興奮せずには答えられないほど熱心な信者であった。

理論はいつも乙の方に余裕があるように見えたが、結局、乙も甲と共にキリストを救い主と崇め、日曜には聖徒の集まりに参加するようになった。しかしそれから幾らも経たず、唯物主義の波涛が東洋の海岸に激しく打ち寄せ始めた時に、鋭敏な甲は唯物論の錚々《そうそう》たる闘将となった。乙は独り残り、私生子だとかって冷やかしたキリストの十字架の下に、懺悔の涙を流すこと十有星霜。

甲は背教した後、その鋭敏で周到な弁証論法で、数多いキリスト信徒の信仰の根拠を爆撃したというが、ただ自分から伝道した乙に向かってだけは、冗談にも、一度も宗教だとか信仰だとかについて攻撃することはなかった。おかげで乙には現在甲の威力ある攻撃を、安全に避け得る立場にあるという感謝と寂しさと悲しみがあるだけだ。

十年一昔であるが、かって我らの祈祷の友として、聖書班の友人として交わった彼が、今や弊履《へいり》のように信仰を捨て去ったその兄弟をなつかしく記憶すればするほど、乙は頑固一徹なものとして世の嘲弄の種となってしまうが、蛤の運命が哀れである。しかし、無能な者が能力を弄することは、それこそ家産をなくし身を亡ぼす元である。蛤が鷸の前で殻を開くことは、すなわち亡びることである。一能以外に能のない者は、ただその天から与えられた一能で充分で、今後ともひたすら己の道を精進するだけである。

○

信仰生活の初期に何かの動機からか、私は神学を志望したことがあった。この希望を真心から反対して私を適切な道に入るようにしてくれた人（注・崔泰琛氏のこと）が、最近は自分が神学を勉強して、今では一にも神学、二にも神学、三にも神学という有様である。

その彼が今、私に神学の勉強を勧めることも理由があってのことであり、前に神学断念の忠告をしてくれたのも真心からしてくれたことである。私が今神学の勉強を始めようというのでも、神学校卒業証書の無いことを後悔したり恨んだりする心の変化が起こったのでもない。誰を恨むこともなく、自ら悔いることでもない。ただ、神の導きとしてなったことである・

そして驚き入ることは、神学の必要論を聞いても耳に入らず、自然と世の中の動きを観察せず、今だに聖書だけ読めば足りると思っている自分の蛤のような頑固さである。

バルトの新説を読むべきだと鞭うって励まし、科学思潮に合致するように高等批評学の知識も準備すべきだと忠告する人がいるが、これは蛤に向かって猿の曲芸と、りすの技術を要求するのに似ている。世の中には自分の多能多技なことだけを思い、他人の無能を哀れむことができない人が多い。しかし、無能な者であればこそ無能を受け容れることができるようで、これも私が蛤の頑固さに同情する所以《ゆえん》であるかと思う。

〇

世の中に「三勇士」という言葉があるが、この三勇士という新語が活字に鋳造される五・六年前の一九二七年の春、朝鮮産「六勇士」が現われたことがあった。彼らは全財産をささげ、命をかけても半島の霊界を爆撃せずにはやまない気勢であった。釜山から義州までの伝道旅行を企画したり、最も具体的な形で現われたのが、同志六人が肩を並べて背負い突撃する強力な雷管として出現した『聖書朝鮮』であった。

学窓生活の豊かでない財布の底をはたいてまでして『聖書朝鮮』を世に出したのであるから、彼らの勇気が蔑視すべきでない証拠であり、将来学業を終えた後には爆弾の性能は一層大きくなり、一層充実するであろうことをだれも疑わなかった。

本間俊平翁は、九人の勇士が太平洋を渡りさえすればアメリカ大陸を征服することも難事ではないと言ったが、実に六人が肩を並べて背負って行った雷管に爆薬が命中した日には、大きく天の栄光が現われるものと自他共に期待した。しかし、我らの雷管は、帯電鉄条網を爆発させる前に間違って自爆してしまった。

傷付いたのは敵の要塞でなくて、背負って走っていた勇士たちで、結果六人はバラバラになってしまった。その中のある者は魂魄《こんぱく》が飛び散り、その破片すら何処《どこ》に落ちたのか分からなくなった。ある者は手足が飛ばされて腹部だけ残ったので五感がなく、その後、互いに会っても旧い友誼さえ認めることができなくなってしまった。それでも、ただ説教だけはやめずに言うには、「君たちは飯を分けて食べてこそ真正《まこと》の信仰である」と。ただこれが、彼が腹一杯の時の発言であったならどんなにか貴重であったろうか。しかも、それが彼の腹のへった時の発言であったから何とも哀れである。

いずれにせよ、我が勇士達は木っ端微塵に飛び散って遊女のように節を売った。比較的後の今日まで、『聖書朝鮮』という雷管を捨て去れずついている者だと言っても、彼が始めからの勇士として守っていたのではなくて、やはり砕かれた破片がついているだけである。

突撃しようとした瞬間恐れをなして逃げようとしたが、逃げ切れなかった者が捕らえられたのであり、あるいは、蛤が安全のために殻を閉じたのに鷸が嘴を噛まれたように、蔭《かげ》に避けようとする臆病者の正門に『聖書朝鮮』という雷管がはめられたために、かろうじて勇士の世渡りをしている格好である。

万一、自分の選択で買って出たとか、自分の意志で月々続刊したのであったら自慢もできるであろうが、決してそうではない。自らの意志で聖書研究の月刊雑誌を、まして、この朝鮮で六十余号まで発刊できるという人があるならば、その人は、まず自分で試《ため》して見るべきである。

願って選んだのでもなく、自らの意志で今日までやってきたのでもないので、人を恨むことなく、自ら誇ることもなく、兄弟に依頼することもならず、自分で言い訳することもできない。ただ兄弟たちの多芸多能にして神出鬼没の処世術を傍観する時、『聖書朝鮮』の経営に関する各人各様の注文を受ける時は何時も、我らは奥床しい蛤の心情を推察したく思うだけである。

蛤が鷸《しぎ》を捕らえたように見えるが、実際は鷸が蛤を捕らえたのである。蛤は一刻も早く鷸を放して水に入って行こうと欲したが、それは捕われたものには不可能なことである。彼は生きようとした努力が死ぬ結果になることがあっても、一つしか能がないものである。ひたすら閉殻筋を死ぬ程締めるよりなかったが、傍観者は、「蛤も亦鷸に謂いて曰く、今日出でざれば、即ち死せる鷸有らん、両者相捨つるを肯ぜず」と言った。

知者の蘇代はこのように言ったが、ましてや山野田舎に住む男女の妄評は如何ばかりであったろうか。蛤は殻《から》の中で痛む肉を噛まれたが、外では肉のかたまりを口にくわえた欲深い犬同様に嘲弄の種となった。蛤の傷む胸は蛤しか知らず、ただ無為無能にして頑固一徹な人間がここにいて、蛤の習性と解剖学的構造を詳しく考えたという次第である。

（一九三四年四月　六三号）

家庭

親となるまで

私が教育じみたことをやり始めたのは、実に幼少の頃からのことであった。即ち、二つ年下の弟に指図《さしず》がましいことを言い始めた頃からであった。ここにいう「教育」とは、主として老婆心による御節介を指すのである。

私が思うように彼にも思わせ、私が行なうように彼にも行なわせようとしたのみか、時には、実に私ができないことまでも彼に強いたのであるから、その結果たるや見るべしであった。私が右といえば彼が左に走り、私が白といえば、彼は黒を選んだ。若き「教育者」は憤りもし、嘆きもした。

ある時、徳富蘆花の臨終に際して綴られた彼の兄蘇峰氏の懺悔の文に接して、「教育者」の胸にも大いに思い当るものがあった。兄は告白して言った。「兄弟不和の原因は、主として兄たるものの御節介にあった」と。また言った。「いつまでもいつまでも子供であるとばかり思っていたのだ」と。誠にそうだ。干渉されれば善人も悪人となるものである。兄弟不和或いは弟悪化の原因が、主として兄たるものの御節介にあることが解って、実に慄然たらざるを得ないものがあった。

次に私が「教育根性」を発揮したのは、言うまでもなく、私に与えられた自分の子供に対してであった。私は確信していた――五人でも十人でも二十人、三十人の子供でも、親の思うような型の人間に必ず造り得るものであると。また、斯く一つの型に造り上げることこそ親たるものの義務であり権利でもあり、祖国に対する忠誠の道でもあるものと心得ていた。故に朝起きる時から夜床に就くまで、「斯くすべからず、斯くすべし」の繰返しばかりであった。私の号令一下、子供らは皆おののき縮み上がるのであって、これを見た「教育者」である私は、私の威令がよく家中に行われるのを知って、すこぶる満足であった。なんでもやれば出来ると思っていた。「啼《な》かねば殺すほととぎす」（注・織田信長が言ったとされる）式であった。

ある時、東京近郊の（今は市内）或る篤信敬虔なる家庭に客となった。その家庭には四人の娘さんがいて、どこの家庭にもよく見られるような姉妹喧嘩がやはりそこにも絶無ではなかった。負けるのは大抵妹側であり、殊に小学生であった末子の妹は、眼から大豆粒ほどの涙の玉をころがし落すのが唯一の戦術であった。その都度、温厚なる父親は、静かに姉の方を諭すのが常であった。「あなたは妹をそっくり自分と同じ人間に造り替えようとするから喧嘩が起るんだ。お父さんの目から見ればお姉さんはお姉さんなりでよろしい、妹は妹なりでそれでよろしい。お父さんが見るにはどっちも同じように可愛いのだよ」と。ここに同化せずんば止まんとする「姉根性」と、十人十色、あるがままを喜び楽しむ「親心」との著しき対立が現われている。「能ある鷹は爪をかくす」との諺があるが、私の経験を言わしむれば、「能ある鷹は鈴を鳴らす」である。雉《きじ》の群に出逢った無能なる鷹は、一羽々々を追いかけようとして遂に一羽をも捕り得ないが、有能な鷹は唯空中を飛び廻りながら尾の鈴を鳴らしている。すると猟師は一群の雉をほとんど撃ち捕ることが出来るのである。即ち、鷹の能力は爪をむき出して使用した場合よりも、ただ、自己の存在を示すだけでいる時の方が遥かに有能なのである。

猫の効用は一匹一匹の鼠を捕ることにあるが、しかし、猫は声を出すことにより、「ここに猫あり」という事実を鼠に認識せしめることができて、家中の鼠の跋扈《ばっこ》を防ぐのに大きな効果がある。

諺に「他人の子と炭火《すみび》はいじるな」という。いじると他人の子は育たず、炭火は燃えつかないからである。しかし、これは他人の子に限ったことではない。凡そ人の子なるものは――たとえ自分の子であっても――いじられ、御節介を焼かれては育つものも育たず伸びもしない。今日まで永らく生きていて、七人の子の親となってこの頃この事にようやく気づいたことを人々は嗤《あざわら》笑うであろう。しかし、真理を学ぶに遅すぎるということはあるまい。

子弟教育は一つ一つのことに小言をいうことで出来る業ではない。御節介でもって性格が改造されるものではない。大小を問わず公私の別もなく、干渉し通すことが人の子を造る道では断じてない。このことを解った時に初めて親になったような気がする。願わくは無きが如き存在者――小言をいわず干渉せず、唯存在者としての親たらんことを。

侮られても憤らず、騙されても怒らず、しかも厳然と存在する親の親は誰であろうか？　それは昔在《いま》し今も在し給い、未来にも同じく在し給うヤハウェの神さま以外のものではない。彼は無能のものの如く見えながらも、凡ゆるものを教え育て成就せしめ給う。一つ一つの出来事にあって、人の目には彼は無き者の如き時もある。しかし、長き歴史の上に、宇宙進化の記録の上に、彼ははっきりと自己の存在を記させ給うのである。我が小なる御節介根性に疲れ果てたる時に最大の親へと目を転ずれば、そこには限りなく広く、余す所なく完き教育原理が備わっていることを発見する。ほむべきかな万有の神ヤハウェ！　学ばんかな、その限りなき知慧とその満ち足れる徳を！

第一四六一二日、第四十回誕生日、四月十八日記。

わが扶《たす》くるわが僕《しもべ》わが心よろこぶわが撰人《えらびびと》をみよ、我《われ》わが霊《みたま》をかれに与えたり、……かれは叫ぶことなく声をあぐることなく、その声を

街頭《ちまた》にきこえしめず、また傷《いた》める蘆《あし》をおることなく、ほのくらき灯火《ともしび》を消すことなく、真理《まこと》をもて道を示さん・・・・

（イザヤ四二・一～四）（文語訳）

（原文日本語）

（一九四一年五月　一四八号）

人の道と　神の道

ルカ福音書十五章後半に記載された放蕩息子の譬話は、古今東西の風習の違いと時代の差を問わず、人間の最も深い所を触発し震動させてやまない有名な言葉である。聖書の他の部分が無くなったとしても、この譬話一つだけ残れば、十分神の宇宙救済の大経綸を提示できるとまで極論する個所である。この後半章（父と兄の関係について）を詳論しようとすると、創世記から黙示録にまで言及しなければならないから今は略すが、ただその一部分に含まれた真理を吟味したい。

放蕩息子が悟って、

父の所には食物のあり余っている雇い人が大勢いるのに、わたしはここで飢えて死のうとしている。・・・・父よ、わたしは天に対しても、あなたに向かっても、罪を犯しました。もう、あなた

の息子と呼ばれる資格はありません。どうぞ雇人の一人同様にして下さい（一七〜一九節）
と謝罪することに決心して帰って来た時、父親は、まだ遠く離れていたのに父は彼をみとめ、哀れに思って走り寄り、その首を抱いて接吻した（二〇節）
とある。また父は僕たちに言いつけ、
さあ、早く、最上の着物を出してきてこの子に着せ、指輪を手にはめ、はきものを足にはかせなさい。また、肥えた子牛を引いてきてほふりなさい。食べて楽しもうではないか（二二〜二三節）
と言って、大勢の者と共に楽しんだ。しかし、放蕩息子の兄は、勤勉に働いていた仕事場から一日の働きを終えて家に帰る途中その光景を見て、父親に向って、
わたしは何か年もあなたに仕えて、一度でもあなたの言いつけに背いたことはなかったのに、友だちと楽しむために子やぎ一匹も下さったことはありません。それだのに、遊女どもと一緒になって、あなたの身代を食いつぶしたこのあなたの子が帰ってくると、そのために肥えた子牛をほふりなさいました（二九〜三〇節）
と抗議して、家に入って一緒に楽しむことに同意しなかったと記されている。ここに、父親の慈愛と兄の正義とがはっきり対立したことを誰でも見て取ることができる。
しかし、多くの説教者が常に陥るように、ここで父親の愛情と、したがって、神の慈悲を称えることに拘泥してしまうことは、本文を十分に吟味することにはならない。父親の大なるによって長兄たる者が甚だ小なる者に見えて、甚だしきに至っては悪い人のように見る人がいるが、兄は決して小人でもなく、もちろん悪い人でもなかった。
その抗議する趣旨にも明白なように、自分自身は厳父の近くに居て、昏底而晨省（夕には父母の寝所

を安らかにし、朝はごきげんを伺う）しながら子たる者の道理を尽くし、伝来の遺業を継承して、一家一門の盛衰と栄辱の責任を双肩に担って立とうとする意識が強烈な人物であった。それ故、その弟が父親の積み重ねた財産を浪費して人の道を踏みにじり、すっかり老いた父親の心情を傷付けるに至ったことに対しては、容赦することのできない強烈な倫理的意識をもった男だったのである。

むやみに怒りはしないが、一旦怒ると仲々その怒りはおさまらない丈夫《ますらお》の心をもった人で、小人でないばかりか畏敬すべき兄であった。このように長兄の真価を明確に看て取る時にこそ、その父親の大きさが非常なる大きさであることがわかる。兄は立派で正しい。しかし、親はさらに大きく高い。兄は地であり親は天である。父親の道は神の道であり、兄の道は人の道に過ぎない。天の道の大いなるかな！

（一九三四年一二月　七一号）

生きる事と財産

ある金持の兄弟が遺産を分配してくれることをイエスに請うた時、イエスが答えられた言葉に、

「人よ、だれがわたしをあなたがたの裁判人または分配人に立てたのか」と。そして人々に言われた、「あらゆる貪欲に対してよくよく警戒しなさい。たといたくさんの物を持っていても、人のいのちは、持ち物にはよらないのである」と。（ルカ一二・一四、一五）

世の人々は財産が充分であってこそ生きられるし、豊かに生きられると思っている。だが、イエスの考えはそうではなかった。この句を読む時、いつも連想する一家庭がある。

市内某新聞配達夫の家庭である。夫婦と一人息子の三人家族。その息子が今春養正高等普通学校を優

秀な成績で卒業するまで、普通学校以来の十余年間の学費を父親は全て新聞配達で賄ってきた。

しかし、中学校に入学した時に一度に支払うべき入学金などが巨額のために、全財産である一千二百円する瓦ぶきの家を売り、小さな藁ぶきの家に移り住み、その新聞が一年余り停刊になった後は、三人家族の糊口《ここう》をしのぐために最後に残った藁ぶきの家まで売り、保証金二百円余りのチョンセ（注・傳貰＝朝鮮特有の貸家制度）の家に移るために、四大門（注・東西南北の門）の外に移り住み、今度専門学校入学が確定すると、チョンセの保証金を返してもらって入学手続きをする作戦計画を立てている。

この配達夫は息子に禁煙の美風を教えるために、自分自ら平素の愛煙をきっぱりとやめてしまい、彼の息子の卒業期が間近に迫った時、担任教師を訪ねて来て「今日までいつ中途で学校をやめてしまうか分からず、その時のことが恥ずかしく恐ろしく思われ訪ねることもできませんでしたが、今は学費の不足で退学する危険は過ぎ去ったようで、ようやく今日訪ねて来ました」と、四、五年間分の感謝を一度に表わしに来た。

彼の家に争いがあるとすれば、息子が勉強をし過ぎるという心配であり、その家に忌むべき隠し事があるとすれば、父親が眠りに就くまで息子も眠った振りをして、夜更けに起きて灯火をおおって勉強することであった。

先日、この老配達夫が配達監督に昇任したという消息に接して我らの喜びは大きかったが、同時に心の片隅にあった不安も除かれた。こんなに貧しいながら生きる家庭を、我らの大京城内に見ることができたからである。

おおよそ、人が生きるのはその財産を充分にすることにあるのではない。財産が乏しいよりは、ある程度満足できるほどのものがあれば助けとなることであろう。しかし、生きることと財産とは別個の問題である。

　巨万の富をかかえたソウル市内の大商人であっても、家庭内が家族の猜忌《さいき》心と争いと虚栄などによってバラバラとなった中で、死ぬこともできずに命を長らえる富者もある一方で、朝夕の糊口をしのぐことを心配する貧しい配達夫であっても、その日その日を真実に生きる家庭もある。この上に、空の鳥を食べさせ、野の百合の花を装って下さる方を信じ、ひたすら神の義とその国を求める信仰の生活、待望の生活に立脚するならば、それこそは生きることの完成である。

（一九三八年三月　一一〇号）

造成小感

　今春、書斎一室を建てた。たった一室を増築したのだから造成と言うほどのことでもないが、自らの設計と労力と苦心が込められているので、その造成の感想も少なくない。

　第一に挙げるとすれば美に対する無関心である。元来その思いがありつつも実現できなかった建築を今度完成するに当たっては、『創造の生活』の金周恒氏の大小の石とセメントで建てた住宅を手本とし、教えられるところが多かった。「そんな風にやっても家ができるのならばわたしも……」という考えがあったからである。建築で美を表現するには、芸術的な才能と物質的な財産を要する。才能も財産も無い者はやむを得ず、美に対して無関心である外なかった。そのような中で唯一の美の表現として棟の南端に隅棟《すみむね》を付けたことである。これは、大工が専門的な技術と因習的な習慣によって主人の目を盗んで勝手につけたもので、主人の私は大変不満に思うところであった。しかし、私にとっては実用的であれば即ち可なりなのである。

石で造ったのだが、石造りの家というよりは岩の洞穴という方が似つかわしい。型も無ければ様式にも従わなかったためである。窓を大きくして幾つも造ったのは日光と空気を充分に受け入れるためで、出入口を二重板にしてガラス窓を二重にしたのは、家の中の子供達の戦争遊びの声、町内の騒がし過ぎるラジオの声、流行歌の曲などのすべて世間の音波を拒むためであったが、完全には目的を達し得なかった。しかし、このことは天から来るものは与えられるままに受け、人間から送られるものは一切拒みたいとする私のこだわりの気持ちの表れでもある。

セメントと砂を一対三、一対四の比例で混ぜることと、「セムムリ」「デンバー」という建築用語なども珍しかったが、窓枠や門を組み立てる時の苦心と工夫によって新しい世界を知ることができた。私は養正高等普通学校に奉職してから十年になるが、我が書斎のドアを組み立ててみて初めて、学校の事務室のドア（出入口）を新しく見直した。実のところ初めてじっくり見たのである。

その「ウルゲミ」（注・ドアの枠のこと）の幅は何寸、広さは何寸、門全体の高さと幅は？　用材は何？　と言いながら手探りして見て、私は学校のドアを初めて丁寧に開き、丁寧に閉めるようになった。そのドア一組に要した金額と労力とアイデアと愛情を推し量れるようになったためである。ガラス窓に対しても同様である。博物の準備室のガラス窓を何度も開け閉めしながら、独りで微笑を禁じ得なかった。光線と空気とは思う存分入れるが、音波と塵、ほこりは断じて拒絶！　こんなことを考えながら京城市内の官庁、銀行、百貨店などのガラス窓が興味の対象になった。

城のような石壁の積み上げを終わって屋根を造る時、もう一度新しいアイディアが必要となった。また、力学的な知識が要求された。最少の材木で最も有効に耐久性のある建物を建てるために。そのために道端で煉瓦を積み上げ中の建築場にたたずむこと数回。私は珍しさと感謝の念と讃美の感を抑え切れなかった。時間の余裕のある人はだれでも一生に一度、たった一部屋でも自分の手で建てて住むべきだと思わされた。

一九三七年七月　一〇二号）

北漢山麓の家

北漢山麓《ろく》も昨年と今年が同じでないから、来年と再来年もまた違うだろう。そこで、昨今の興味ある状況を記録して置きたいと思う。

世の中には堪え難い事が少なくない。都市で数十坪足らずの小住宅に住みながら、一尺もない土地のことで境界を隣家と争う事も面倒な事である。広々とした場所で暮らしたいと思う。たとえば希望を述べるならば、遮日峰（咸鏡南道豊山郡）の頂上に家を建て、蓋馬高原（注・咸鏡南北道・両江道、慈江道にわたって所在）に草花を植えて、東海（注・日本海のこと）に養魚をしながら、満州の平原に野菜畑を置きたい。しかし、そうはできない運命であるからどうにもならないが、今住んでいる北漢山麓には境界に荒地が残っており、手入れすれば草木が生長できるので満足せざるを得なかった。

都市ソウルから遠く離れた所に住みたいという考えから言えば、漢拏山や白頭山の山頂で独り暮らしたいが、そこには印刷所が無いので、仕事のできる場所ということで北漢山麓となった。現在の我が家は、ソウルから来る道路の終点であり、電灯の最後の電柱が立っている所である。私の気性から言うと、アスファルトの真っすぐな大道より林間の小道、曲がった道を選びたいが、時間を短縮するには自転車道があった方がいいし、時に自動車とか馬車を利用する必要もなくはない人間の生活だ。私の趣興で暮らすならば、江楓漁火対愁眠（江上の楓樹と漁船上の灯火が相対し、客は眠れぬ自分を心配している）という「漁火《いさりび》」のきらきらと光るところが心を奥床しくするが、発達した印刷術でできた書籍に親炙《しんえん》するには書店に近いこと、また読書には、やはり電灯は大変有り難いのである。これらが私が住宅を決定する二つの要素であった。

清晨入古寺　初日照高林　曲径通幽処禅房花木深　山光悦鳥性　潭影照人心　萬籟　倶此寂猶聞鐘声音
（明け方破山寺に出かけた。朝日は正に高き樹林の上を照らし、曲がった小道に沿って前に行くと、静寂な所に到着した。ここは寺の後の禅院であり、花咲き樹が茂っておる中に奥深くある。鳥は天心をうがち知るかのように山林自然の景色を喜び、人は淵に臨んで影をうつし、思わず心境が澄みとおり水と同様に空明るく、この時分種々のもの音は皆寂しく、ただ遠き所より伝えられる鐘の余音があるだけだ）

という常建の詩は、すなわち、薬師寺を散策する全景を詩にしたもののようで、昨年の夏、耕墨道人先生が私のあばらやを訪ねられた時、この詩を口ずさまれたし、今秋、先生に書いて頂いたのでこの詩を机の上にかけるようになった。実景もよいが、詩の言葉も美しく筆跡も立派である。

我らは食物に関しては、「ムルチャンス（注・水を売ったり、運んだりする労働者）」という称号を受けるほど何でも飲食する者だが、耳で聞くことには甚だ気難し屋なのを自から認識しながらも、どうにもならない。とても聞くに堪えないのは、復興会《リバイバル》の祈祷の声とラジオのスピーカーから聞こえてくる声である。おおよそ拡大したものに真実なものはないのだが、ラジオの声を屋外に流し放しにして置く文化人ほど憎らしいものは無い。

我らが聞きたいのは「細くて静かな声」（列王上一九・一二）だけである。薬師寺の松風と鐘の音はこの思いを助けること大である。いわんや、庭先を流れる谷川のせせらぎまで皆静まりかえって落ち着いてしまう様を、どのように形容できるだろうか。

時に杜鵑《ほととぎす》が夜陰を破り、雉《きじ》のはばたく音が朝の空気を振わせるが、これは皆動中の静である。時々この周囲の風景を誉《ほ》める者がいるが、心の内で主キリストに仕える時にだけ天然の風景も生きたものとなることを、我らは毎日経験する。

（一九三七年一二月　一〇七号）

責任の限界線

世の中で貴重なものは責任感の強い人であり、世の中で無用なものは責任感のない人間だ。しかし、次に無用なものは過度の責任感のようである。最近、殊勝な若い娘の強い責任感を見て驚かざるを得なかった。そして考え込まざるをえなかった。

この若い娘の上には嫁入りして健全な家庭生活をしている姉があり、亡くなった父親の遺志に従って家門の名誉を傷つけぬほどの兄が健在であるのに、末娘である自分がひとり遺された母を幸福にしてあげようと世話をするために、ソウルに職を求めようとするのであった。その心意気が立派であることはもちろんであり、娘としての濃やかな愛情と、世間知らずの乙女としての純真な心使いは感嘆に価すると言うべきであろう。

しかし、考えを変えて、我ら男子と生まれて長子としての責任を生まれながら背負わざるを得ず、妻子に対する義務まで日毎に増大して行く者の立場からあの娘の気持を考えようとする時、到底理解できない大きな溝がその間に横たわっていることを発見せざるを得なかった。

我らをして言わしめれば、既に背負った荷を下してしまう事もできずため息をつき、背負うべき荷も避ける方法を探せずに悩んでいるのに、あんな殊勝な娘がいるだろうか？　しかし、既に嫁入りして安定した姉があり一人前の兄があっても、自分の責任として母親の面倒をみようとするのは過度な責任感ではないか？　イエスが十二歳になった時、捜しに行った母親に対する答えはどんなものであったか？

どうしてお捜しになったのですか、わたしが自分の父の家にいるはずのことを、ご存じなかったのですか。（ルカ二・四九）

と。イエスがその父母に対する孝行の情と義務は、この時既に一度断ち切られたのだった。それ故に、十字架上においてまでもイエスは真実な孝行者であった。釈迦が王宮を去り出家の道についた時、彼は義務の鎖を断ち切って出て行った。彼らは一家と一国の義務を捨てたようであったが、天下万邦の義務を引き受けて背負ったのであり、千秋万代の大義務を引き受けたのである。

　父母たる人の心情を察して見ると、父母が娘や息子に期待するのは、生活の保障でも都会地で豪奢な生活をすることでもない。父母に心配をかけても、いっそ嫁入りするか、あるいは職業につくか、自分の事を自分で成しとげる日を見ればそれで充分だ。父母を幸福にするために、豪奢な暮らしをさせようとする事などは父母に対しては差し出がましい事であり、健在する長男に対しては侮辱である。

　朝鮮の娘達はどうして自分の母のことだけを思い、数千数万の母のことを考えられないのか？　ナイチンゲール、クララ・バートン、ストウ夫人のような女性が出現すれば、朝鮮の父母達は憤《いきどお》るだろうか？

　負わなくてもいい責任を引き受けて、真になすべき責任はなおざりになる。この際「父母と妻子も捨て、自分の生命までも憎んで私に従え」と言われたイエスの心情を考えるべきである。男女を問わず、責任の限界をよく守る人だけが、無限大の重責を負い得る人物である。

（一九三八年一二月一一九号）

偉大な人達

理想の人物

キリストを信じる者に理想の人物は誰であるかと問えば、当然キリスト・イエスがその人だと誰でも即答するだろう。しかし、正直に告白せよと言われれば、我らはキリストを理想の人物に持てない者が大部分ではないか。イエスの知と力と愛と誠とそのすべてのものから、その限界を探り出す事はできないからである。それは、ちょうど屋根に登って天の高さと幅を測って見ようと、上下、左右、前後に腕を回して見る感じがしないでもない。それ故に、祈祷の対象はキリストでありえても、現実生活の理想的な人物としては望む事はできない。

では、それぞれの分野の、所謂《いわゆる》専門家を理想の人物と見る事ができるかと言えば、それもできない。一個の人間として人たり得た上に専門家というのは貴重であるが、実際のところ、専門以外に何の取り柄のない人間は極めて憐れむべきである。とりわけ、専門家の中でも最もかわいそうなのは、宗教の専門家である。宗教を専業に生活する者ほど世間に有害無益なものはない。宗教専門家というのは、支え木に上がるようになった二十五日目の蚕《かいこ》のように、その体質が無色透明になり、血の気の無いことがその特徴であるからである。

彼らは虚偽、でっちあげを見たり聞いたりしても憤らず、不義を目撃しながらも憤激する事を知らず、不当な事がされるのを見ても正そうとする心が動かないことを、かえって道に通じて世俗を超脱したためだと自ら誇る始末である。我らはそうした超人間を唾棄《だき》したく思う。最近、私が所謂無教会主義者を自称する一派に向かって痛烈な不満を吐露したのは、彼らの中にこうした宗教専門家が現われようとする傾向が見えるため以外何の理由も無かった。

我らの理想的人物はモーセである。モーセが理想の人物だというのは三千年前、彼の著述した宇宙創造説が、今日の二十世紀になっても廃《すた》れないほど彼の学識が万古に超越したからと言うのではない。また、文明世界の法典の始めとなったモーセ五書を残してくれたからというのでもない。さらに彼が宗教的天才であったとか、大政治家あるいは偉大な軍人の典型であったとか、こうしたすべての要素を一身に兼備したために理想の人物だと言うのでもない。彼を理想の人物だと言うのは、ただ次の事の故である。

モーセはエジプト人のあらゆる学問を教え込まれ、言葉にもわざにも、力があった。

四十歳になった時、モーセは自分の兄弟であるイスラエルの人たちのために尽くすことを、思い立った。ところがそのひとりがいじめられているのを見て、これをかばい、虐待されているその人のために、相手のエジプト人を撃って仕返しをした。……翌日モーセは彼らが争い合っているところに現われ、仲裁しようとして言った。「まて、君たちは兄弟同志ではないか。どうして互いに傷つけ合っているのか……」

（使徒七・二二〜二六）

と述べている。ただこの故にである。彼は理不尽な事をされているのを見てしまったら、我慢できない血の気の多い人だったのだ。

（一九三七年一一月　一〇六号）

偉人の意義

『聖書朝鮮』は偉人を相手にして刊行しているものだとのことだが、聞いた人も驚き、言われた私自身も驚いた。

福音と言えば誰が聞いても分かることであり、信仰に関するものは代金を払わずに貰えるものと思い、宗教問題とは愚夫愚婦などのものと世の人は信じている。

時に私は叫んで言う。「『聖書朝鮮』よ、全土を歩きまわって、一人であっても偉大な人に会ってみよ。偉人に出会えなかったら帰って来い。凡衆は君の関係するところではない」と。

一方、「山村に行け。そこの樵夫《きこり》一人を慰めることを君の使命とせよ」という本誌の「創刊の辞」（注・本巻十一〜十三頁）を記憶する人は、その矛盾の大なるに疑いと訝《いぶか》しさを禁じ得ないだろう。

大体、偉人とは誰のことを指して言うのか、どれほどの学識をもつ人のことであるのか、どれほどの事業と経歴を積んだ人を言うのか？『聖書朝鮮』の読者となるほどの偉人が、果たして朝鮮に幾人いるだろうか？

心配するな、記者が述べる偉人というのは、山間の樵夫その人を指すのである。

現代日本の博学者の第一人者である新渡戸稲造博士は、偉人の定義を次のように述べた。「偉大な人物というのは、その行為あるいはその言葉、あるいはその人格の力で、他人の心に顕著な感動を与える者を言うのである」と。

彼の博学に相応しく、甚だ包括的である。それではイエスも偉人、イスカリオテのユダも偉人、ワシントンも偉人、張作霖も偉人となるであろう。しかし、我らはもう少し素朴な定義と適確な実例を挙げる。

てもらわなければ、その漠然さと空虚なるに耐えられない。筆者の見たところの偉人の一人は次のようである。

彼の職業は小作農であり、学問的知識は朝鮮語聖書をやっと読むことのできる程度であった。彼は何年もの信仰生活に満ち潮のように押し寄せるあらゆる迫害と嘲弄に耐えかねて、ある日、夏の黄昏に茂り合う柳の蔭に身を隠しながら、イエスから離れ去ろうとの祈りを始めた。「むしろ今後はあなたを知らないと言います」と。

汗を流し涙をぬぐい信じ従っていた主イエスを離れ去り、柳の繁みを出ようとする時、彼は祈りの友一人に偶然出会った。厳《おごそか》にして悲壮な人生の巡礼の途次に、彼は再び柳の蔭に戻って二人してイエスの名によって祈りを始めた。矛盾であると言えば矛盾であり、愚かであるといえば愚かであろう。彼はその後も変わりなく、城川江辺で信仰生活を続けてい

トラファルガルの海岸で国難に際し、「イギリスはその国民がそれぞれ本分を尽くすことを期待する」と救国の精神を噴出させたのは、イギリスの偉人ネルソン提督であった。

「皇国の興廃この一戦にあり、各員一層奮励努力せよ」と、火山の島国の熱情を吐露した人が東郷平八郎氏であったことは、読者の記憶に新しいところである。西と東、戦死と生還の別はあったが、至誠の極致が我らを動かさずにおかないことにおいて両者は同じである。荘厳なるかな、生命と栄華を断念した者の一言一句よ。

しかし、宇宙を主宰される全能なるヤハウェなる神、アブラハムの神、モーセの神、ルターの神を信ずる神の子女の一人が肉のためにその神を否定して、その独り子、救主イエスと別離しようとの決心が心の中に起こった時、知る者ぞ知るである。

ここはトラファルガルの海戦や日本海海戦よりももっと大きい運命を決定する大戦、すなわち自由意思をもって全生命、全人格をささげて信じ従っていた主イエスを本気で離れ去ろうとする時の気持ちを、ネルソン提督が信号旗を掲揚する時の気持ちと比べることがどうしてできようか。

天上天下に唯我独尊という意味の全部はまだつまびらかでないが、堕落の結果でもなく発狂するでもなくてキリスト信者が信仰を捨てようと赤誠の心をもつ時、これは単に一身の自殺だけでなく、実に宇宙の崩壊そのものである。

生命が亡くなった者が全世界を所有しても無益であるからだ。それ故に我らは言う。無知な小作農夫であっても人間能力の究極に到達して、絶対絶望の中に深刻な苦悩を体験した人、彼を称して偉大な人と言うのである。

自殺は問題の解決にはならない。しかし、自殺の決心にまで追い込まれた経験なくして一生を終わることは、それは人生を生きたのではなく通過しただけのことである（ダンテ地獄篇・カント二）。彼らが世に来たのは春霞《かすみ》が地面を覆うのと同様で、太陽が中天に昇り風が過ぎ去ると、霞が吹き飛ばされて元あったところに再び見られない人生である。一枚の障子紙よりも厚くない生涯を通過した者は、彼がきらびやかな名誉とすべての学識を身につけたとしても、彼を天秤にかけるとすれば、それは無よりも軽い人生であろう。

人の内には、神の律法とは別の律法が働いて、心の法則に対して戦いをいどみ、肢体に存在する罪の法則の中に虜《とりこ》とされてしまった時、「なんというみじめな人間なのだろう。だれが、この死のからだから、わたしを救ってくれるだろうか」（ローマ七・二三〜二四）と悲鳴をあげざるを得なかったタルソ人パウロのような人生体験をまともに生きてみた人、そして、主の恩恵をこうむり「わたしたちの主イエス・キリストによって、神は感謝すべきかな」（ローマ七・二五）との凱歌を発してみた人、すなわち、一度死に新たに生まれた人、母親から生まれた人でなく、キリストの霊によって新たに生まれた人を称して偉人だと言うのである。

あなたがたに言っておく。女の産んだ者の中で、ヨハネより大きい人物はいない。しかし、神の国で最も小さい者も、彼よりは大きい。

（ルカ七・二八）

（一九三〇年五月　一六号）

預言者とは誰か

預言者とはこのような人物だと指し示せるかと思い、我らはまず朝鮮半島を見渡して見た。メソジスト教会にいるのか、あるいは長老教会にいるのか、又はその他を探してみることができるだろうか？知っている人は我らに教えよ。預言者というのは真実な意味でイスラエル特有のものであり、何はさておいても、新教伝来五十周年の喜びの年を祝賀する朝鮮キリスト教界に、これというほどの預言者が出ないのはむしろ当然な事と言うべきである。

ただ驚いた事は、半世紀未満の半島霊界に雨後の竹の子みたいに輩出した復興《リバイバル》牧師と、最近では所謂「女預言者」の横行である。こうしたリバイバル気分の産物と真正《まこと》の意味の預言者とは、似て非なるものであることは言うまでもない。考えるてみると、カンフル注射のような復興会（注・リバイバル集会）を繰り返すことで、やっと命脈を維持する朝鮮キリスト教会の現状こそ寒心にたえない。

目を転じて二十億人類の中で預言者を捜して見よ。ヒマラヤ山脈のあちら側に三億の民を率いる人がおり、ミシシッピ川の畔りに一億の家族を率いた真正《まこと》の人がいるというが、その真相を詳しく考えるにはヒマラヤが余りに高く、太平洋が余りに広い感じがしないでもない。あるいは接近してみたとせよ。それでも彼が、イスラエルの預言者とは比ぶべくもない差異があるだろうと予測することは難しくはない。むしろ我らをして、預言者とは「そんな者ではなく」という事をもう一度言わしめよ。

例えば、現代思潮の中心人物といわれるムッソリーニ、ヒットラー及びこれと同類で、各国各民族を侵略して武力で支配しようとする指導者達と比較すると、イスラエルの預言者が広い平原を駆け巡り、高い木の芽や葉を労《いたわ》り食べて生きるキリンとするならば、こうした群れは地中を往来し、光線を嫌い、みみずでも貯蔵して食べる土竜《もぐら》の類に過ぎないと言えよう。

彼らが現われる時光明が天地を覆い、これらが臨んだ時、暗黒が隅々に満つ。即ち、預言者はほとばしり出る生命であり、これらの人物（注・ムッソリーニやヒットラーを暗に指している）はただ人を抑圧する力であるだけである。預言者は理想に生き、正義を食べ、真実を飲んで生きた。しかるに、これらの人物は打算に生き利害を食べ、偽りを飲むばかりである。であれば、何をもってイスラエルの預言者を充分に表現し得ようか。それには預言者の声に耳を傾けるのが近道であろう。

呼ばわる者の声がする。荒野に主の道を備え、砂漠に我々の神のために、大路をまっすぐにせよ。もろもろの谷を高くせられ、山と丘とは低くせられ、高低のある地は平らになり、険しい所は平地となる。こうして主の栄光が現われ、人は皆ともにこれを見る。これは主の口が語られたのである。（イザヤ四〇・三〜四）

人の世に生まれて男児であることを幸福と思う人が中国にいた。果たしてそうだとすれば、一生に一度でも預言者の文書に接した幸福、その幸福がどれ程であろうか？　時代は暗黒に向かって駆け、政局は危機に向かって突進してやまない時、我らは静かな心で人間の中の真正《まこと》の人間の声に傾聴しようと思う。

（一九三五年一月　七二号）

優しく孤独な人

（エレミヤ書後記）

私の貧弱な書斎に、敬慕する預言者エレミヤの肖像を掛けて、エレミヤ書本文とそれに関する参考書を学び始めて、いつの間にか半年が過ぎた。一度読むより二度読むと少しは分かったような気がするが、三度読んで見ると、また新しいことを発見する。

これぐらいなら書いても構わないだろうと思いペンを執って机に向かい、座ってからもう一度預言者の肖像を見上げると、ペンが動かなくなってしまう。やむを得ず、次の日に延期して参考書一冊をさらに読み終わり、前日の構想を全て捨てて更に始めから構想を作り直して三、四回。分かったと言っても大預言者の幾万分の一が分かったか知らないが、どうすれば私の理解したものだけでもそのまま全てを表現できるだろうか。

あの満面にあふれる悲哀をどのように表現できようか。そして、又、あの二千五百余年前の偉大な嘆きの声を、どうすれば朝鮮人二千万の民の鼓膜にまで伝えられようか。もし間違えば、預言者の肖像の中からもう一度長い嘆きの声が聞こえそうで、ペンを執っては置き、置いては執る間に半年の時間が流れてしまった。そしてでき上がったものはどうだったろうか？　意を尽くせず、ようやく半分くらいは言えたであろうか。言い残しがあるので、その中の二つだけさらに言わしめよ。

エレミヤ書の全巻を通読した時の印象は、彼ほど純粋な人物は世界にいなかったろうということである。もし、この人が現代のロシアに生まれたとすれば、スターリンのようであったろうか。もし、イタリアに生まれたとすれば、ムッソリーニとなっただろうか、またはドイツに生まれたとすれば、ヒットラー総統のように力の権化《ごんげ》となっただろうかと推測し比較したいが、しかし、その強さは質が違うだけでなく、実はわが預言者は甚だ心優しき人でもあった。

初めて召命を受けた時、「主なる神よ、わたしはただ若者にすぎず、どのように語ってよいか知りません」(一・六)と答えたのは、むしろ若い時の事実であったにせよ、成長した後にまで、民を責めることがあれば自ら先に心を悩まし、敵と戦う時には自ら先に恐れた(四・一九〜二八、八・一八〜二三)。涙もろいことは女性よりもひどかったから(九・一、一四・一七〜一八)、これは強い者の個性でなく、明らかに弱き者のそれである。エレミヤは女性よりも優しい性格であった。

こんな弱者を選び出して、鉄柱よりも、銅垣よりももっと強い者として使われるヤハウェを仰ぎ見る時、我らは自らの出来損ないで軟弱なことを慮《おも》んばかる理由がなくなってしまうばかりか、人の弱いことをもって神の強さを現わされ、無知な者をして識者を辱めることを喜ばれる神に、讃美を捧ぐべきことを教えられるのである。

孤独はエレミヤの生涯の伴侶であった。預言者はその故郷に容れられないというが、エレミヤのように甚だしい場合はなかった。最初に我が預言者の生命を殺害しようとした者は、その故郷アナトテの住民たちであった。国民のために預言すれば国民に捨てられ、祭司長と書記のために忠告すれば彼らに嘲弄され、王のために預言すれば投獄と極刑が準備されていたのであり、しかも最後には神にまで捨てられるのかと恐れを禁ずることができなかったから、この無類の孤独な生涯は、彼より六百年後のイエス・キリストの生涯を彷彿《ほうふつ》させるのである。

（一九三五年八月　七九号）

使徒パウロの性格

パウロの先生であったガマリエルは、ギリシャ文学と哲学思潮に造詣の深いことで当代エルサレム学界の最高の権威者であったばかりか、その性格が柔和重厚なことで特色があったという。しかし、教師のその柔和な性格だけは弟子に伝授すべき術《すべ》が無かったのか、パウロ（当時のサウロ）は使徒となる前から、その先生とは正反対で情熱的な性格であった。パウロのパリサイ主義的厳格な気質は、ガマリエルの中庸的であり常識的な知恵の感化にも影響されることがなかった。

パウロはヤハウェとその律法の名誉のためには極めて情熱的であった（使徒二二・三）。パリサイ主義に対しても非常に熱心であった（ガラテヤ一・一四）。何か一つの考えに熱中する時は極めて猪突的に猛烈にその目標に向かって突進する性格が、若い時から顕著であった。

エルサレムにクリスチャンの小集団が形成された時に、ユダヤ教に属していたパウロがこの新宗教に対して恐るべき敵愾心をもって対したのは、神聖な神殿と正統的律法の権威に対する忠誠から出たものだと言うが（使徒六・一三、一四）、これまた、その天性が自然に発露されたものであることを否定することはできない。その燃え上がる火柱のような猛烈な心性は、ステパノが殉教するその時ついに表出した。当時のサウロはまだ前線で指導する役割ではなかったが、それでも自ら進んでその処刑に賛同した（使徒八・一、二二・二〇）。

その後間もなく、ユダヤ教団の権威を身に帯びて全ユダヤ地方のキリスト教会を迫害する者となり、初代教会の最大の恐怖の的となった（ガラテヤ一・一三）。パウロはクリスチャンに対し決定的に苛酷な迫害を加えた（使徒二二・四、二六・一〇など）。その加害追撃することが猛烈苛酷であったことは、彼が改宗した後、その事を非常に深く痛切に悔恨したことでも（一コリント一五・八、九、ガラテヤ一・一三、エペソ三・八、ピリピ三・六、一テモテ一・一三など参照）推量できる。

パウロが悔恨したように、右のような行動は、その動機が自分の懐いている思想と信念を最高至誠なものだと思い、間違った敬虔と熱心と忠誠を尽くしたものだったが、その本心について言うならば、利己的な欲なしに真理を熱愛してヤハウェに忠誠を尽くそうということだった。その単純な至誠の熱心さが、パウロを駆りたててパレスチナ地方の国境を越えて遠くダマスコにまで迫害の毒刃《じん》を振おうとして出発した時、主イエスは非常な手段をもってこの非凡な人物を捕虜とした（使徒九・一以下、二六・九、一コリント九・一、一五・八、ピリピ三・一二）。

この時、サウロは神の子であるイエスを発見することですべての真理の源泉に到達したし、すべての能力の根源を把握したのだ。その後、使徒としてその猪突的精神を遺憾なく発揮し、他の十二使徒たちよりもっと広く深く福音の真理を世界に宣べ伝えた。たとえその体躯は脆弱に見えたが、彼は異邦世界を呑み込み、全宇宙をキリストの霊をもって呑み込んでしまった。彼は迫害する時にも全力で行ったが、主イエスのためにも一意専心全力であった。パウロは「中途半端な心」で生きることのできない人間であった。

（一九三七年一二月　一〇七号）

使徒パウロの風采

使徒パウロ自身が記録した中に「高慢にならないように、わたしの肉体に一つのとげが与えられた。それは、高慢にならないように、わたしを打つサタンの使いなのである」と述べており（二コリント一二・七）、病気によってガラテヤに滞在せざるを得なかった時、その地で伝道した（ガラテヤ四・一三）と言っている通り、パウロは一生涯持病に苦しめられ病気の状態を免れられなかったのであろう。また、大変神経質であったろうと推測する説もあるが、以上の根拠だけでこのように速断するのは論拠が余りにも薄弱である。ガラテヤ地方の旅行中に病床に横たわったのは、一時的な身体の一部分の疾病であったことかもしれない。これをもって、パウロが一生涯蒼白で病弱であったのかを推察することはできない。

また、第二コリント書に記載された病気は、パウロが啓示を受けた偉大な真理によって、自ら高慢にならないようにする神の恩賜により受けた「棘《とげ》」だと言っているので、これもパウロの働きを妨害するほどの重病ではなかったようである。たとえ、聖霊の力がパウロを呑み込んで十倍百倍の働きをするようにしたとしても、三回の大伝道旅行とローマ行きの難破船の苦労と、改宗以後に出合ったすべての苦難に耐えることができたことと、そういう中でも青年期に習得していた天幕職工の副業で、自分と同労者たちの生活を支えながら自活していたことを（使徒一八・三、二〇・三四、一テサロニケ二・九、二テサロニケ三・七、一コリント四・一二、九・六、二コリント一一・八、一二・一三など）合わせて考えるならば、むしろ、パウロが肉体的にも蒼白なインテリ青年とは大層違うところがあったと考えるのが妥当であろう。

パウロは外面の風采をとても貧弱に見られたようである。「会って見るとその外見は弱く、話もつまらない」（二コリント一〇・一〇）というのが、パウロに対する周囲の人々の一般的な印象だったようである。また、イコニオムの群衆たちがバルナバをゼウスと称し、パウロをヘルメスと称して、前者をより高く明瞭な神として仕えようとしたのを見ても（使徒一四・八以下）、パウロはその内的素質が優れていたのに比べて、外面は多少見劣りがしたようだ。

しかし、どこまでも外面は一時的なものであり、内面は永久的なものである。外的な風采で群衆を威圧していたバルナバとアポロなどは流星のように消え去って行ったが、その容姿が脆弱に見えて、初めて対面した者に軽蔑されていたパウロは、永く接触するほど人をキリストへと導き、限りなく高い所まで向上霊化させずにはやまない偉大な力をもつ者であった。

　イスラエルの歴史の中に外貌風采で有名なのは、初代のサウル王であった。彼は「イスラエルの人々のうちに彼よりも麗しい人はなく、民の誰よりも肩から上、背が高かった」（サムエル上九・二）という外見であったが、その末路は惨憺たるものであった。

　またアブサロムは「全イスラエルのうちにアブサロムのように美しさのためにほめられた人はなかった。その足の裏から頭の頂まで彼には傷がなかった」（サムエル下一四・二五）と。万民が羨ましがる者であったが、その父王に叛逆した他に成したことは無かった。壮健に見える者が必ずしも壮健な者でなく、弱く見えることが必ずしも悲観すべき材料ではない。

（一九三七年一二月　一〇七号）

わたしの見た内村鑑三先生

　内村先生は無教会主義の唱導者であるから、「万一内村氏から無教会主義を取り除くとすれば、それは宦官《かんがん》（注・昔、皇帝の後宮に仕えた、去勢された男性）内村になる」と見る人もおり、内村先生は武士の子孫だからキリスト教的聖徒というよりは、「霊界の軍国主義者なので、虎視眈眈《たんたん》と朝鮮半島の霊界に侵入しようとする者だ」と批評した人もいた。その他に貴族的な人物だとか、乱臣逆賊だとか、偽善者だとか言って、見る目が違えば認識も違ったが、我らに総括して言わしむれば、こんな人達の観察は全て盲人の象の観察に過ぎない。観察が間違ったというよりは、ただその一部分を見ただけに過ぎない。

　見た通りに内村先生の全貌を言えといわれれば、何よりもまず内村先生は勇敢な愛国者であった。キリスト教的聖徒というよりは、第一に皇室に心を尽くす忠臣であり、国民を熱愛する典型的な武士であり、代表的な大日本帝国臣民であった。それこそ、内村先生から愛国者という要素を取り除けば、「宦官内村」になるであろう。しかし、内村先生の髪の先から爪先までが全部、真実な愛国者の化身であったと我らは見る。

内村先生はキリスト教を本然の福音どおりに伝えた。無教会主義という一個の主義を樹立唱導した人と観察するのは、大層皮相的な観察である。もちろん、内村先生は無教会主義を提唱しなかったのではないが、それは一、二の飛沫《ひまつ》に過ぎないものであり、本流は常に変わらないキリストの福音そのものを宣揚することにあった。だから、内村先生から無教会主義を取除いても、充分に聖書の中心真理を学び得ると我らは言って来た。

崔泰瑢監督はこれを「怜悧《れいり》な言葉」だとか、または、「無教会主義に対する怪異な反省」だと呼ぶが、決して「怜悧な言葉」でもなく「怪異な反省」でもない。自分と同じ見解でないものは「怪異」云々し、神学校で聴講をしたことのない者から、聖書とか宗教に関する発言権を略奪しようとするのは、実に甚だしい「主観三昧《まい》」に陥った者だ。

内村先生の講筵《こうえん》には毎日曜日六百から八百の聴講者があったし、その主幹誌『聖書之研究』には三千から五千もの読者がいたが、その聴講者と購読者が全部無教会主義者だったろうか？　決してそうではない。先月、京城に来て外地で亡くなった長尾半平長老のような人は、熱心な教会信徒でありながら大手町集会の中堅となって内村先生に学んだし、仏教徒まで『聖書之研究』誌を通して学ぶところがあった。各人各様に学ぶべきを学んで行くのに、どんな「怜悧な言葉」があり「怪異な反省」があったろうか。

内村先生の有名な弟子の中で、先生の無教会主義を一段と進展させた人は塚本虎二氏であり、先生の無教会的精神で教会攻撃に専念しないで一般社会の政治問題に突撃し、、教役者及び神学者の間にまで尊敬される人は矢内原忠雄氏であり、先生の無教会主義は急進的な弟子たちの主唱と大差があると抗弁しながら、教会側にも円満な交流をもつ人としては浅野猶三郎氏という初期の一番弟子がおり、本間俊平氏のように一般社会から大歓迎される人も内村門下生であった。どうして自からのみを正しいとし、他を怜悧であり怪異であると言えようか。

内村全集その他先生の著作が、朝鮮キリスト教界の教役者と教会員たちにまで広く読まれるのは、その中に聖書の真理が主題として取り扱われているからである。彼らが所謂無教会主義者として熱狂しないからと言って、誰が「怜悧」であり「怪異」であると言えようか。

（一九三六年一一月　九四号）

内村鑑三先生

内村先生の特異なる深き印象未だ眼の当たりに彷彿として去らず。その咳唾《がいだ》の響が未だ耳底に静まらぬ感あるのに、先生が去られて既に十周年になるという。歳月矢の如しと言うべきか、実に感無量。ここに先生と朝鮮との関係を述べて記念の辞としたい。

一、**友人関係**　我らの知れる範囲に於いて、内村先生と真に友人関係に於いて交際せられた朝鮮人は、故金貞植先生一人あられたと記憶している。当時「非戦論」の故を以て内村先生は国中に枕する所なく、またその閉ざされた門を訪れる友人も極めて稀であったといわれる時代に、金貞植先生もまた亡命の客として日本に流浪の身となっていたので、共通の救主イエス・キリストを主として仰ぐ上に、なおの境遇の近似は相互に厚き同情を寄せ深き理解を助け、強き励ましを与えて、世にも稀なる厚き友情を結ばしめたとのことであった。このお二人の交友の事実を聞かされる度に、若き頃、札幌に於いてヨナタンなるクリスチャンネームを選ばれし内村先生を思い出さずには居られなかった。故に金貞植先生も今より十年前、平壌神学校機関誌に「無教会主義者内村鑑三氏に対して」と内村を誹謗する論文が掲載された時に、憤然として弁駁された――内村先生は多くの朝鮮基督教徒に対して「善きサマリヤ人」であった、朝鮮基督教会の恩人であったと。

二、**読者関係**　内村先生主筆の『聖書之研究』誌の第三百号が発行された時に、京城に於いて其の読者会が催された。その記録に依ると、四人の朝鮮人読者が出席して、それぞれ深き感化を受けたことを告白していた。勿論、その外にも我らが知って居る読者の数も相当あるから、我らが知らない数は相当なものであると思われる。殊に無教会主義とは相当に距離の遠いように見える朝鮮の長老教会、監理教会等の指導者の中に於いてまでも、内村先生の雑誌及び全集などが深く熟読されていることは驚くべき事である。

三、**弟子関係**　内村先生の召天直後、長老教会の平壌神学校機関誌は無教会主義攻撃の序《つい》でに、余輩の名を挙げて、朝鮮に於ける内村鑑三先生の正統直系の弟子なりと指摘論難されたことがあった。この事に関しては、当時直ちに『内村鑑三論に答えて』（注・本双書第1巻二一七頁参照）なる文を草し、この度日本語で刊行された『内村鑑三先生と朝鮮』なる小冊子に、その全訳を朝鮮語で収めて置いたからここには略する。

要するに現代日本に於いて最も驚くべき力は、内村先生を通して伝えられた信仰と思想であると我らは見ている。恰《あたか》も地帯構造上南彎北彎の両山系の上に日本列島が成り立っている様に、日本魂の底を貫く背骨になるものは此の信仰思想である。我らも此の信仰により、太白・小白山系のような半島の由って立つべき霊的脊柱と致したいとの祈願が切実である。

（一九四〇年　五月　一三六号）

孔子、今現われれば

樊遅請學稼。子曰、吾不如老農。請學圃。吾不如老圃。樊遅出。子曰、小人哉樊須也。上好礼則民莫敢不敬。上好義則民莫敢不服。上好信則民敢不用情。夫如是則四方之民襁負其子而至矣。焉稼。

（樊遅《はんち》が穀物作りを習いたいと願うと、先生は「私は老農夫に及ばない。」と言われた。畑作りを習いたいと願うと、「私は老人の畑作りに及ばない。」と言われた。樊遅が退出してから、先生は言われた。「小人だね、樊須《はんす》は。上の者が礼を好めば、人民はみな尊敬するし、上の者が正義を好めば人民はみな服従するし、上の者が誠実を好めば人民はみな真心を働かせる。そのようであれば、四方の人民たちもその子供を背負ってやって来る。どうして穀物作りなどいるものか」。）

孔子は当時、産業経済に関する問題は第二次的な問題としてこれを軽視して、またこんなことを尋ねる弟子を小人だと称した。しかし、これは当時の孔子は衣食が足りていたためであるという人がいる。

即ち、孔子でも、万一現代のように生存競争が激しくて衣食の窮乏が切実な時代に出生していれば、仁義礼智信を高唱するよりもまず産業、農村問題の改善を提唱したであろう。その推論は最も自然な論法であり、現代人なら誰でも一考すべき問題である。

肉食動物は犬歯と足の爪などが強大となり、草食動物は臼歯と胃腸が発達してきた。寄生生活するジストマ（二口虫）、さなだ虫（条虫）などの下等動物に至れば、活動して食物を吸収できるほどの運動器官を欠き、体腔、呼吸器、血管もなくなり肛門もなく、消化器官まで全部消滅した種類もあるが、ただ、子孫維持と繁殖に必要な生殖器だけは最も複雑に発達している。それぞれ必要な器官は発達し、無用な部分は退化するのが進化の通則であることは、皆知っていることである。

今、知者、聖者までも皆ひとしく、その時代の潮流に順応して大衆と共に切迫した問題にだけ没頭すれば、果たしてその結果はどうなろうか？　どの器官が発達し、どの部分が退化するだろうか？

孔子現代に来れば、如何なる態度に出るだろうかという問題は、孔子自身に答えさせよ。

夫子憮然曰、鳥獣不可與同群也、吾非斯人之徒與而誰與。天下有道、兵不與易也。

（先生はがっかりして言われた。「鳥や獣と仲間になれるわけはないよ。私が人間の仲間からはずれて、一体、誰と一緒に暮らすことができ一六・二三）と叫ばれたイエスのことを考えれば、孔子も凡人でなかったことが分かるであろう。

（一九三一年一月　二四号）

よう。天下に秩序が行われているなら、何も私が改革に手をつける必要がないではないか。」）

孔子をして言わしめれば、天下大衆は道以外のものに、すなわち、経済問題、産業問題、農村問題、デンマーク国の紹介などの問題に騒がしい。しかし、衣食住に切迫した生存競争が甚だしい時ほど、私は道を提唱するのである。そのような時にこそ天下に道あって仁義礼智信が世の上下に行なわれたならば、ことさら衣食住のことを心配する必要はないというのである。

現下の朝鮮の世相の実態は、孔子としてどの道を選ばせる情況にあるのだろうか。

孔子は孔子以外の人によって判断することはできない。――キリストの決定はその弟子たちでも分からなかったように。即ち、ユダヤの民衆が自分を国王に推戴しようとした時それを退けられ、ペテロが引き止めようとする時、「サタンよ、退け」（マタイ

ヘレン・ケラー

七月十三日、京城府民館で開かれたヘレン・ケラーの講演会に出席した。講演会と言うが、思想の発表と言うよりは、生後十九ヵ月目に盲、聾《ろう》、唖《あ》の三難に一度にぶつかった人間がどういう風にして見、聞き、言えるようになったのかということを説明し実演するものであった。

それは盲・聾・唖・教育の実際を見て、またヘレン・ケラー全集によって、その生涯の苦心の程度をおおよそ察した者には、別に不思議な感じを与えるより、むしろ、普通で当然なことのような感じも無くはなかった。

しかし、その体格の健常さ、表情の明朗、挙動の軽快、英知の光輝などは見る者を驚かせた。三重の障害者として、五十八年間苦闘した人という暗さに埋もれた悲哀と絶望の痕跡は、捜して見てもどこにも見つけることが困難であった。

それ故、上手な手話と、完全に近い発音、非常に発達した触覚などは、かえって女史の刻苦勉励の努力と教師サリバン先生の功績を気付かせないほどであるが、ひるがえって考えるに、盲、聾、唖の望柱石（注・墓の前に向き合わせて立てる二個の石柱）のようなヘレン・ケラーも、あんなに教育し修養できるのであるならば、我らが今日まで預かって指導していた学生に対する短慮と即断、子女に対する誠意なき空虚な親の欲心と、自分自身に対する性急な悲観を、すべて懺悔せざるを得ない。

兄弟を愚か者と断言する者に重罰があろうと言われた主の言葉が、強く私を裁く。五官（視、聴、嗅《しゅう》、味、触の五感）が備わった人間に向って教育することができないという教師と、五官を備えていながら素質の有無を云々して、自暴自棄になる者には天罰が下されそうである。

ヘレン・ケラーの今回の旅行は、五十年間彼女を指導して、昨年死去した恩師サリバン先生の「弔合戦」のためだという。先生に対して天に達するご恩を最大限度に報いる道は、ただ、全世界の障害者の幸福、増進のために努力することだと思って出発したという。それ故に、彼女の訴えには片言半句さえも反抗、拒否できない力がみなぎっていた。「わたしの唯一の希望は世界平和と同胞愛」と言い、「神はわたしの前後に居られるのでわたしは恐れることは無く、またすべてのことがみ心のままになって行きます」と信仰を告白する彼女は、「わたしを障害者だからとかわいそうに見る人が多いが、実際かわいそうなのは、わたしでなくて、目を開いても正しく見ることのできない人たちです」と言い、彼女自身は感謝にあふれていた。

目開《あ》きの健康人に向って、「皆さんの目に光明を与え、皆さんの耳に麗しい声を与えられる神に感謝するのには、暗さと無言の道を手探りしている障害者を助けるのが、またとない高貴な道であります」とも説教された。

キリストの生命に生きる者には、すべてのことが主の栄光のために不可欠であるようだ。聾唖だけにしても重い障害であり、普通の場合、盲人だけになっただけでも恨み嘆くはずなのに、彼女の場合、三重に障害者となったことが一層主の栄光の材料になり、虚弱な女性として生まれたことも主の栄光を表わすのに妨げとならないばかりか、むしろ、必要であったように見える。キリストを中心において見る時、万事が全てよいのである。アーメンであり、ハレルヤである。

（一九三七年八月　一〇二号）

ベンジャミン・フランクリンの教会観

アメリカ合衆国の独立史をひもといた者で、B・フランクリンの名前を記憶していない者であっても、今日のように高層建築が林立する都市にあって、その上に燦然と突き出た避雷針を見る人は、フランクリンの凧《たこ》を連想しない人はいないだろう。ともすればフランクリンは秋風に凧を上げる愛らしい少年としてだけ脳裏に印象され易い。その他に空中電気の証明、フランクリン暖炉、その他の数多い科学上の発明や応用などでも記憶に残る人であるが、それ以上に、彼の日常生活そのものが平凡でありながら非凡なものがあったことで有名である。

特に、常識（common sense）が円満に発達した男子であった。知恵が縦横無尽に働きながらも物事の急所を誤らない判断力で事物に対したので、家庭にあってはホーム（home）らしいホームを成したし、町の中に出ては衆議を決め、友人達と交わり腹心の友となった。また、市政に参加してフィラデルフィア市（Philadelphia）の基盤を築き、フィラデルフィア大学の設立者となった。さらに、国政に参加して米国政治史の重要なページを占めるに至ったことは、すべて彼の健実な常識の所産であった。

彼の教会に対する意見も、決して彼が科学者だという立場から独断と不敬虔を現わすものではなく、政治家の軽薄を暴露したのでもなく、もちろん、宗教家としての偏見を主張するものでもなかった。彼は単純に、健実な一市民としての透明な常識によって判断を述べるだけであった。教会人たちには永遠に受け入れないかも知れないが、偏《かたよ》らない普通の人であったのは余りにも明白なことであった。フランクリンがどのように教会を見たのか。彼自ら記述したところの一節を訳して載せる。

……しかし彼（牧師）の説教は、多くは我が教派独特な教理の論理的な議論でありその説明であったので、私には甚だ無味乾燥、無益なものであった。――道徳的な原則については一つも力説しないし励行もしないのをみると、彼らの内心は我らを善き市民とするよりは、むしろ、ひたすら長老派の信者を増やそうとするように見えた。後に、私は聖書の中から、ピリピ書四章八節を見い出した。

兄弟たちよ、すべて真実なこと、すべて尊ぶべきこと、すべて正しいこと、すべて純真なこと、すべて愛すべきこと、すべてほまれあること、また徳といわれるもの、賞讃に値するものがあれば、それらのものを心にとめなさい。

私は想像した。こうした章節をテキストとしてなされる説教であれば多大な教訓を受けざるを得ないだろうと。しかし、彼は使徒信条にある五か条だけにしぼって、説教をくりかえしするだけであった。曰く、

一、安息日を聖く守れ。

二、聖書を熱心に読め。

三、義務として教会に出席せよ。

四、聖餐式に参加せよ。

五、牧師に相当な敬意を表わせ。

こうした事は皆善い事かも知れない。しかし、この五か条には、ピリピ書の章節から私が予期した種類の善い事は一つも出てこなかったので、私はこれ以上彼らの教会に出席することに絶望したし嫌気がさした。それ故に、教会の説教には二度と参加しなかった云々。（自叙伝から）

やはり、牧師あるいは教役者と称する特殊な人でなければ、ピリピ書四章八節から右のような五か条の解釈は到底おこない得ないであろう。フランクリンは教会人のその無知と不信と虚偽に耐えられず、ついに教会に失望して嫌気がさすに至ったのである。

今日の朝鮮の教会とその教役者たちは、果たしてどうであろうか。彼らのいわゆる聖霊体験的な感動物語か、右のような非凡な演繹法的説教を行って参加者を失望させてしまうことは、古今東西異ならず、我らも往々この種の説教を聞くことを嫌悪した。

彼らの知恵袋を傾注さえすれば、ルターの悔い改めを促した聖句であるローマ書一章十七節を読むだけでも、農村振興策に対して滔々《とうとう》と数千言を述べることができるだろうし、もう一度力を尽くすとすれば、アウグスチヌスが新生した聖句であるローマ書十三章十二節を朗読した後、婦人断髪論に対し数万語を述べることもできるだろう。

まして、牧師の地位に関することとか教会の興隆、あるいは、自分の所属教派の教義にこだわる個所の問題ならば、創世記の一節から黙示録の末節まで、彼らが利用できない聖句は全く無いであろう。弟子は師に勝らず。アメリカに留学するとか、あるいはアメリカが派遣した宣教師から学習した今日の朝鮮の教役者及び青年会員たちが、その師より勝らないのは無理でないばかりか、むしろ、その師をよくも模倣したものだと賞すべきことと言おうか。

私もやはりフランクリンと同様に、初めから教会に反対したのではなかった。できるならば出席を継続しようとした。しかし、我らは熱心な長老教会信徒あるいはメソジスト教会の人となるよりも、善き朝鮮市民となることをより多く願った。信仰の独断に安堵するよりも、率直な学徒的な不安を尊ぶ。人形となるよりも活きた人となることを願い、人工で築かれた教会堂、大建築物よりも、山谷に泰然自若として咲く一輪のゆりの花に無限の生命の驚異を感じたく思う。

聖句を妄《みだ》りに引用してきて、自己の教派の教理と儀式を立てようとする努力よりも、聖句そのものが包み含んでいる生命の泉から、真理を学びたく思う。それ故に、私もフランクリンと一緒に教会参加をやむを得ず断念せざるを得ず、エマーソン、カーライル、キェルケゴール、ミルトン、クロムウェル、テニスン、ダンテなどと同じく、教会の教派圏外の人になりたいのである。

（一九二九年一〇月　一〇号）

大統領リンカーンの信仰

"I have never united myself to any church because I have found difficulty in giving my assent, without mental reservaitions, to the long complicated statements of Christian Doctrine which characterize their Articles of Belief and Confessions of Faith. When any church will inscribe over its alter, as its sole qualification of membership, the Master's condensed statement of the substance of both Law and Gospel 'Thou shalt love the Lord thy God, with all thy heart and with all thy soul and with all thy mind, and thy neighbour as thyself', that church will I join with all my heart and with all my soul."

Abraham Lincoln (1809-1865)

私はこれまで一度も教会に属したことはない。なぜなら、キリスト教の教義の長く複雑な宣言になんの精神的な（心理的な）こだわりもないし、その宣言に同意することは難しいと感じているからである。この教義は信条や信仰告白に特徴づけられている。

もしどこかの教会が、律法と福音の両方を兼ねそなえた力強い主の御言葉（聖句）を、唯一の会員である資格として祭壇に刻みつけたとしよう。すなわち、「心をつくし、精神をつくし、思いをつくして主なるあなたの神を愛せよ、……自分を愛するようにあなたの隣人を愛せよ」（マタイ二二・三七）と。

そのときこそ、私は全身全霊をもってその教会に連なりたい。

エイブラハム・リンカーン（一八〇九―一八六九）

現代地理学の中心的な興味は各地の生産物如何にあるが、産物中で最大の産物は何としても人物だという外はない。ムガール帝国（注・十六〜十九世紀、インドを支配した帝国）よりもシェークスピアの価値をより大きく評価したのは、カーライルの奇癖ではなかった。

我らもアメリカ合衆国を勉強する時はいつも、たとえ北米大陸全体が発見されず、あるいは陥没してしまったとすれば、アメリカは人類の生活に大きな影響を及ぼさなかったかもしれないが、その一方で、アブラハム・リンカーンの出生がなかったならば、単に北米大陸の意義がなかっただけでなく、全人類の損失がどれほど大きかっただろうかと、推測しただけでも身震いすることが一、二度ではなかった。

合衆国が大国であるが故に、その大統領が有名になる場合が全く無くはないが、リンカーンの場合は正に反対で、彼が偉大だったので彼の国まで大きくなった。それ故に、彼の偉大な性格、生涯、文章、雄弁、治績などに関しては、全世界が熟知していることであるから贅言《ぜいげん》を要しないところであるが、中でも、彼の宗教に対する態度は驚くべきところがあるので、冒頭に彼の英語の一文を引用した。

アブラハム・リンカーンは平生聖書を愛読し、その文章と演説まで聖書の影響が深かったし、先祖以来の篤実な信徒であった。しかし、彼は一生涯教会に属したことはなかったという。その理由はこうである。「教会信者が信仰箇条と、信仰の告白を表明する際の煩わしく長ったらしい複雑な教理などの説明に対して、精神上の留保なくしては応諾できないからである」と。

そして、万一どんな教会からでも律法と福音の実績を圧縮した主イエスの「心を尽くし、精神を尽くし、思いを尽くし、力を尽くして主なるあなたの神を愛し、またあなたの隣り人を自分の体のように愛せよ」という言葉を、教会員になる全的資格として教壇の上に書いて貼り付ける教会には、「わたしの心をつくし精神をつくして参加するだろう」と述べた。

朝鮮教会の母教会があるアメリカに、教会主義の祖国である北アメリカに、このような無教会信者がいたのかと疑いもするだろうが、アメリカを代表する最も人間らしい人間であり、潔白な良心と健実な生涯を送ったリンカーンに、教会がそんな風に見えたのも当然な事と言えるだろう。

建国の元勲であり科学界の恩人であるベンジャミン・フランクリンの無教会信仰と共に、健全なアメリカ人の生涯に注目すべきである。煩わしく複雑な教理と、監督とか牧師とか長老とかいう「職階制度」の存在に少しの疑問も起こさない人は、結局信じなくても天国に行けるほどのお人好したちであろう。だが健全な人間には疑問があり、正当な留保を主張する権利がある。

（一九三六年三月　八六号）

故人に対する追憶

故　金貞植先生

金貞植先生と内村鑑三先生とは、何時も一緒に私の記憶によみがえる。朝鮮にいる内村先生の唯一の友人ということと、私が金先生に初めてお目にかかったのは、東京「柏木の内村」先生の聖書講義所である今井館であった。そこで、内村先生から金貞植先生を「朝鮮キリスト教界の長老だ」と紹介された。また、内村先生については、「世界に稀なキリスト教の大先生であるから深く私淑せよ」と、金貞植先生から勧められ感激した記憶が生々しいのは、このお二人の性格と生涯が互いに共通したところが少なくなかったからである。

金先生は科挙の武科出身（注・朝鮮王朝時代の登用試験で、文科と武科があり、武官を指す）であられたし、内村先生は武士の後裔であられた。イエスが称賛されていた百卒長の単純な信仰がお二人を通して結実し、キリスト教の男性的な部分が顕著に発露されていて、実に壮快な光景であった（以下四行略）。強者に対抗する時は猛虎より獰猛《どうもう》であるが、弱者に対しては処女よりも柔和なのが彼らの魂であった。内村先生が、所謂、日露戦争反対で天下に枕するところなく、孤寂と悲痛に埋もれた時、その門を訪ねてよく慰労された人は我が金先生一人だけだったという。朝鮮に起こった百五人事件（注・一九一一年朝鮮のキリスト教系民族運動を弾圧した事件）でキリスト教会に対する総督府の計画的な大迫害が起ころうとする時、自らの立場も顧みず義のために奮闘した人は内村先生だった。彼らが動くのはただ義侠心によるだけであった。

二人ともキリストに捕えられ、有為な一生をその主にささげたばかりでなく、主のため貧しい生活を選ばざるを得なかったし、最も痛ましいことに、子を失った苦痛で、人生の苦味の極を味わった点でも二人は軌道を同じくした。だが、苦痛の深刻な点では、我が金先生の方が一歩先んじたように第三者には見えた。金先生の「イエスにまみえる時質問したい問題が一つある」との言葉には、心の痛む人間の苦汁と深い忍従の調《しら》べが聞こえた。

我らは金貞植先生からキリスト教信仰の深い問題――十字架の贖い、復活、再臨などに関して聞く機会を得られなかった。キリスト教青年会の父であっただけに、その信仰も青年会式に広範だったように見えたし、時には「我が親睦会」に儒・仏教徒と天道教徒までも集めておいて、キリスト教の一夫一婦主義を自慢されたこともあった。教養に深遠であったよりも、人間らしくて朝鮮人中の朝鮮人であった。

老齢にもかかわらず、年少の学生たちの入学の世話で苦労をものともしない気質と、いわゆる積極団(注・一九三二年YMCAの総務であった申興雨を中心に組織された超教派的基督教の信仰運動団体。太平洋戦争の頃は親日派の団体となる)撲滅運動に火のように熱く活動されたこと、病床で冷たい灰のようになった肉体であっても、その話題は口を開けば必ず朝鮮であり、中国の問題であり、世界情勢にまで及んだことは、その根源がすべて一つであった。先生には小我が無く全体に生きられ、義には吸い込まれ、憐愍《れんびん》の情には自分を忘れて活動された。先生は偉大な平信徒であり、その生涯は天然のままの素人伝道者の一生であった。

(一九三七年五月　一〇〇号)

炳憲《ビョンホン》よ、炳憲《ビョンホン》よ

三月三日の卒業式が過ぎた後、わずか三週間で突然安炳憲君死去の訃報に接して、五年間学窓を共にした我らの驚きは大きかった。

二年生の末ごろであった。安君が担任教師に自分の信仰の立場を告白し、一つの問題に関しては学業を断念することがあっても、自分の信念を実践すると提言した。その単純確固たる信仰を知って甚だ羨ましかった。一般にキリスト教の家庭に成長した生徒たちは、信仰があるといっても形式的な亡骸《なきがら》に過ぎないのが常であるのに、あの安君の家庭ではどうしてあのような信仰の子供が生まれたのかと。

安君は入学当初の帽子、洋服、靴を卒業まで使ったというが、その帽子、制服、下着、靴下まで何時も形容できないほどぼろであった。しかし、そんな見すぼらしい外見の内側に、仁寿峰（注・ソウル北漢山の一峰）のようにそびえる高邁な気品を包蔵した安君を見ると、何時も衣食の貧乏を恥ずかしく思わないとて、孔子の称賛を受けた顔淵を連想せずにはおられなかった。取り繕うところなく自然で泰然としていた。

安君は五・六十人のクラスの中でも最も貧しい家庭の一人であった。それにもかかわらず、数百円になる学級費のクラス会計係に、何時でも安君が選ばれるのを見て不思議でならなかった。キリスト者であり、頑固で融通のきかない安君に皆が好感をもったとは言えないが、金銭を彼に任せるのが安全だという信任に至っては、クラス全体が一致していたようだ。

小事に忠実な者は大事にも忠実である。貧しくても、むしろ他人から金銭を任されているその信任を見る時、不遇な時代のアブラハム・リンカーン大統領を目撃する感を禁じ得なかった。十人の信任はすなわち、全国民の信任と同じではないだろうか。

音楽に関する素養のない我らは、安君の音楽的技能がどれほどのものかは評価できないが、楽器を演奏した時の君の姿は、内に磐石の改革的な信仰をもちながら、巧みな音楽で児童の讃美歌を指導していた鉱夫の子マルチン・ルターの風采《さい》もそうではなかったろうかと思わざるをえなかった。音楽でもって神を仰いで讃美し、地にあっては児童を純化することは羨ましいことである。

安君は真心から神を畏れた他に何も恐ろしいものはなかった。生徒の中には担任の先生の顔が怖いといって敬遠する者もおり、学校が怖い、その外に何が怖いといった者もいたが、安君は言うべき事は言い、行なうべきは行なうが、常に正々堂々としていた。安君の正義に対して鋭敏に反応する態度は、あたかも鉄片が磁石に吸引されるもののようであった。

そして義に触れた瞬間、羊のように柔和だった彼の瞳《ひとみ》は、吠《ほ》え猛《たけ》ろうとする獅子の如くに変わった。キリスト教界はもちろんであり、今日、人類社会に緊急に要求されるのは、彼のような真正《まこと》の人間であるが、その彼が突然この世を去ったのであるから、このことに如何なる意味があったのであろうか？百人でも千人でも多いとは言えないのに、ただの一人しかいないのに、逝ってしまったのだ。君と共になすべき仕事の多い時に、ああ、炳憲よ、炳憲よ！

（一九三八年五月　一一一号）

故　李種根君

先年、ある春の日だったように記憶する。ある日の夕方、ソウル鍾路の街頭で金祀済先生にお会いした時、先生は突然、李種根君の入信に対する感謝の挨拶を丁寧にされ、聞く者をして驚かされたことがあった。それは、「余り近い骨肉の親戚故に伝道できなかったのに、『聖書朝鮮』とその集会を通してイエスを信ずるようにしてくれて有り難い」との意味であった。李君が金祀済先生の妹の子であることもこの日初めて知って驚いたが、李君が自分の信仰を公言したとき、また、その信仰が『聖書朝鮮』に由来したことを明言した事実を知ってから、さらに驚いた。

今を去る約四半世紀前に、どきどきする胸の高鳴りを静め落ち着かせながら、畏れと注意深さをもって金祀済先生の書斎を尋ねた二少年がいた。その時「キリスト教の教訓はよいが、祈祷をささげるのは何か迷信のようで理解できません」と言う少年達の質疑に対して、金先生は親切に回答された。当時の懐疑少年の中の一人を通して、今日、金祀済先生の甥李種根君に福音を伝達することになったのであるから、これが神のなされる働きでなくて何であろうか。鍾路の交差点に立った私は、火と燃える柴の上に立っていたモーセのように、神の厳存に威圧された。

我らの親愛なる子女や弟や甥に、与えたいもの、伝えるべきものは何であろうか？　金銀田畑よりもイエスを信ずる信仰であることは共通した願いである。しかし、愛する人達がこれを受け入れない時はどうしたらよいだろうか？　その時はまだ愛されていない者、すなわち他人に、極端に言うならば、最も遠い国の人に頼んで伝えてもらえ。そうすれば、異邦人にパウロを派遣された後、イスラエル全民族を救おうとされるヤハウェの限りない知恵と摂理を、その中で探し見出すことができるであろう。
李種根君は容貌も端正であり、書いた字も端正そのものであった。余り端正であり美しく優しかったので、男性というよりも女性を連想させることがしばしばあった。したがって、心の中に信仰を包蔵したとしても、口で言い表すことは難しいだろうという心配が無いではなかった。
しかし、これは李君に関する限り、単なる杞憂に過ぎなかった。その静かな外見の中には、獅子のような闘志の焔が常に燃えていた。その家族から知人たちに至るまで、彼に接してみて、その積極的な信仰態度に驚かない人はいなかった。
李君は昨年度某校の入学準備で昼夜兼行して勉強中であったが、その渦中で病床の人となったにもかかわらず、聖書研究は日課表を定めてやっていたことが、彼の遺品によって判明した。
例えば一月十日にはガラテヤ書を終わり、同十三日にはエペソ書を、同十五日にはピリピ書を、同十七日にはコロサイ書を終了し（中略）、同二十八日にヘブル書を始め、二月三日に同書を終えて、同十三日に黙示録を始め、同二十三日に終え、同二十四日にマタイ福音書を始め、三月七日に同書を終了、その翌日にマルコ福音書を始め、同十五日に同書を終えるなどと割り当ててあった。
今年三月十一日の日記には駐在所（交番）から取り調べられた記録があるが、先に共産主義に関するものを否定した後の問答は左のようである。
問　どんな書物を読んでいるか？
答　宗教方面の本を主に読んでいます。
問　朝鮮在来の宗教かね？
答　キリスト教です。
問　キリスト教を何故信ずるか？
答　それが最上の宗教だと思って信じています。

問　キリスト教を最上の宗教と思って信ずるに至った動機は何か。
答　友達の勧誘と雑誌を読んだからであります。
問　どんな雑誌を読んだか？
答　『聖書朝鮮』といって京城で発行されている雑誌です。

云々。生前に手紙のやりとりも少なくなかったし、また、生活も一緒にしたいというので、しばらく『聖書朝鮮』社に寄宿したこともあった。信仰の熱心さは、青年期によく見る一時的な情熱に過ぎない事であるとみなして、私の方では別に気にも掛けずにほおっておいた。

『聖書朝鮮』に対してこれほど簡単明瞭な見解を持っていたことは、君の遺品が私の机上に運ばれた後に知った。考えるに、李君は心中深い所をみだりに口外するような近代的な軽薄漢でなかったのに、ついに、軽挙浮薄な時に時代の犠牲となった。

李君は入信動機の一つを友人の勧誘だと言った。李種根君に友人一人がいるが、その名前は閔炯来であり、閔炯来君に友人一人がいるが、その名前は李種根君である。

ダビデとヨナタンの昔ならばいざ知らず、管仲と鮑淑のような仁義に厚い古人《いにしえびと》たちであれば分からなくはないが、今日のこの時代の状態の我が朝鮮で、李、閔両君の友情を知ることは実に一大奇観であり、慰めであり、羨望であり、讃美であった。一足先に聖書研究会に参加した閔君が同行するように勧誘した時、李君は一旦断ったが、後日、入信後には涙を流してそのことを悔恨し、生命をささげて信仰の価を支払いたいと願ったという。

世の中に出て一人の親友の信頼を受けるに値する者、彼は万人の信頼に値する者であり、一人の親友を得た者、彼は天下を得た者であろう。

ある日、李君は結婚問題と就職問題をもって訪ねて来たことがあった。独り娘をもったある富豪が小学校を経営しているとて、その娘と結婚すれば数十万円、それに、学校も任せて全財産も与えるということであった。聞いたところでは、別に反対する理由も無いので賛意を表わして見送ったのであるが、後日聞いたところでは、李君は先方の礼儀に欠けた点をもってこの縁談を一蹴して、某校への入学準備を決心した。すべてのことに自己のスジを通すこと、このようであった。

李種根君はその家族と親戚が決して他よりも劣るものでなかったので、世間の友人と付き合うことに不都合はなかったが、信仰のために彼の臨終の枕元は大変寂しかったようである。金昶済先生からの十月十九日付の葉書は次のようであった。

前略。小生の甥李種根が持病のため、今日午前十時に主のみもとに帰りました。平素、『聖書朝鮮』誌の愛読者、貴講義所にも昨夏から何時《いっ》も出席していたことと思い、幾文字かしたためてお知らせします。彼には現在訃報を出す程の人がいないので私が代行します。

と。これより先に、李君の姉より電報があったが、要するに、李君の臨終の枕元は人間的に見ては寂しき感がなくはなかったようである。しかし、たとえ信仰を同じくしない千万人が取り囲んでも、それは李君には何ら慰めにもならなかったであろう。そのような中、唯一の信仰の親友である関君が訃報を受けて枕元に駆け付けてくれた。私自身は日曜日の集会があった上に、ちょうど腫物《はれもの》によって自由に動けない時だったので、訃報を受けても参列できなかったために、李君はイエスを信ずる人でありながら、入棺の時や火葬の時にも讃美歌一曲も聞けず、説教の一言なくキリストの懐に帰って行ったという。

考えれば考えるほど李君の最後は李君らしい最後であったようで、我らは神の備えられたことが人間の思い煩いを越えて溢れることに驚嘆した。その日記によると、李君は病苦が押し寄せるたびごとに、もっとひどい時の苦痛を思い出しながら現在の苦痛に耐えた。李君の日記は今年九月二十八日で終わったのだが、その日の日記はこうである。

前には今よりも苦痛がもっとひどい時もあった。今となってはその時が羨ましい。今よりももっと苦しい時に比べると、感謝しなければならないと思うべきである。苦痛は限りが無い。私の今の苦しみは決して最高のものではない。

とある。これが勇士の絶筆である。苦痛の絶頂に処しても、もっとひどい苦痛があるものと思い、自らを叱咤《しった》したのである。これは天下のすべての苦しんでいる患者たちに対して、口舌によるのでなく、生涯をもって慰めとなるものであった。

キリスト者として有為な青年が、この世を去っても讃美歌も説教も無かったことを思えば、交通不便な山村僻地で、または大都市の貧しくむさくるしい裏町の片隅で、親友も先生もなく孤独にこの世を去る無数の魂は、天下に李種根君がいたことを記憶してあふれる慰めを受けるであろう。人間の説教を聞けなかった李君の霊魂は、主キリストに直接抱擁されたことであろう。そして、それこそ、李君が昼夜渇望していたことだった。

（一九四〇年十月　一四一号）

時代の犠牲

李種根君の生涯を記録する時、私は前月号で「時代の犠牲」という文字を使用した。これは李君の人柄をよく理解できなかった自分自身への悔恨、尽くすべきところを尽くし得なかった私の悔しくてたまらない気持ちを含蓄させた文字であった。

「変わるのは女心だ」と俗人たちは言うのだが、我らに言わしめれば「変わるのは青年の心だ」と言いたい。

純真熱烈な告白と約束で信仰の道に進もうとする青年の決心ほど聞くにかわいく、見るに美しく、考えるに高貴なものが他にあろうか。しかし、彼らの決心というものは数か月を継続することが難しく、彼らの信仰というものは大概卒業あるいは就職までであり、彼らの信頼と友誼というものは、天候の変わるように不安定であることがほとんどそのすべてである。

こうした時代であるがために、私は一種の免疫性と言おうか、青年たちの言行には、むしろ冷淡であり、軽蔑をもって接するようになっていた。こうした中にあって最後まで友誼と信頼を変えない人、一人を発見した時、なぜ腫物のできた脚の片一方を折り、背負われてでも臨終の枕元を盛大にしてやれなかったのか、と悔恨が深からざるを得ない。

（一九四〇年一二月　一四三号）

趙誠斌君の一生

一九三六年五月二十九日の夜中に、趙誠斌君が亡くなったという通知を翌日の朝受け、ひとたびは疑い、ひとたびは驚き悲痛やる方なく、何をもって表現すべきかその術《すべ》を知らなかった。

趙君は養正高等普通学校で五年間病気の故の欠席が一日もなかっただけでなく、生まれて今年二十五歳になるまで病気を知らずに育ち、東京での苦学数年間、彼の資本はただ生まれつきの健康な身体だけだったのに、今だに病気の原因も伝えられず突然亡くなったというから、事実でないような事実に直面して半信半疑である。しかし、それ以上に彼に対する私の教育計画が中断されたまま終わってしまったことは、遺憾であり痛憤置くあたわざることである。

今から四年前の春、養正高等普通学校で一年生から五年間担任していた組を卒業させて送り出し、あひるの卵をかえしためんどりみたいに、私は深い沈うつと悲哀に陥った。一年生入学当時より幾つかの数学の公式を暗記し、幾行かの外国語を会得して出ていくとしても、五年間も力を尽くした担任の組の生徒達の憧憬する世界と、その教師の生きようとする人生とは天と地ほど掛け離れており、東と西ほど互いに逆なのを目前に見て、教師たる者の心中に安らかな慰めのありようはずがなく、深く決意することなくしては耐えられなかった。

この時であった。知らせを伝える者の言葉に、「養正高等普通学校出身者で、今度、京城帝国大学予科の学科試験に合格した者が二人いたが、その中の一人が口頭試問の時にこう答えたそうな。

問　世界で一番よい本は何だと思うか？

答　バイブル（聖書）であります。

問　（驚いた顔色で）・・・君はキリスト信者か？

答　はい、イエスを信じます。
問　君の家庭も皆信者なのか？
答　違います。私だけ独りで信じています。
問　（再び驚いて）……どんなことで信じるようになったのか？
答　学校の担任の先生金某がイエスを信じるので、私も信じるのです。

と言うと、試問していた配属将校が極めて不快な表情で「出て行け」とドアを指し示したとのこと。……言葉を続けて「あのように大胆な返答は彼にとって不利ではなかったろうか」云々と。

こう応答したのは外ならぬ趙君であるが、大学予科に入学できなかったのは信仰告白のためでなく、水泳をしていて耳に水が入ったため中耳炎になり、身体検査で問題になったためだったとその後分かった。

この大学予科の口頭試問が終わるまで、私は趙君にキリストを信じる信仰があるとは知らなかったが、おそらく、他の誰も知らなかったろう。趙君は入学試験準備で英語会話を学ぶために、某アメリカ人のバイブル・クラスに数ヵ月間参加した他にはどの教会にも出席したことがなかったし、私の聖書研究会にも一、二度傍聴しただけだった。

このために、彼に信仰があろうとは期待できなかったし、たとい信仰があったとしても、現代青年の一生の運命を左右する唯一の登龍門と思われる官立京城帝国大学予科の入学試験で、まして、非常時の中、陸軍将校の前で、彼のように明白に信仰を告白するだろうとは少しも考えられなかった教師としては、驚かざるを得ない事実であった。

青は藍より出でて藍より青しと言われるが、信仰の成長と告白する勇気では、趙君はその教師よりも幾十倍であった。当時としては予科に合格できなかった君の運命を恨みもしたが、今分かってみると、趙君の霊は当時既に大学教育を卒業したばかりでなく、実に人生を卒業した者の修練が準備されていたようだ。

順境をたどる者の通常のように、趙君の学友達は読んでいた聖書も東京に行った後には開いても見ないのが当たり前であったのに反して、東京で苦学するようになった趙君は畔上賢造先生の門を繁くたたいたし、また、浅野猶三郎先生の講筵に参加するのを怠らなかった。特に文字通り「小さいものを小さいと思われない」忍耐の伝道者浅野先生は、趙君のためにヨハネ福音書の講義を始めて下さり、毎週木曜日ごとに膝を向かい合わせて聴講すること一年余りに及んだから、その間はもちろん先生一人と生徒一人の聖書集会であった。

内村先生の高弟である二人の先生に師事した後、趙君の信仰と聖書知識にはめざましい進歩があったし、特にヨハネ福音書は「わたしの福音」と称するほど、浅野先生の特設講義の指導で深く味わい理解した。趙君はこのように霊的に恵まれ幸福であったが、そこには浅野先生の独り相手の伝道、貧しい朝鮮青年一人のため毎週一回ずつ数年を継続するその根気！ があったのである。甚だ恐ろしい方だ。これは手段とか政策でできるものではない。

その後、趙君は昼耕夜読を志しソウルに帰って来た後、わずかの間ではあったが、彰義門外の耕牛先生の果樹園で農業実習をしていたが、その結果は双方の深刻な失望に終わったようであった。双方を信頼する私としては、そのどちらの方に理由があるのか分別できなかったが、その後、重大な欠陥が趙君の性格に芽生えていたことを発見した。

趙君は農業を断念し、さらに私立学園の教師となるのも断念して、市内セブランス医専病院の薬局に就職した。ある日のこと、薬局内で聖書研究会を導く様子を報告しながら、聖書研究に一意専心すべきか、あるいは、薬剤師または医師試験を準備すべきかを質問されたので、私は前者、すなわち伝道者になろうとの志望を放棄して後者になることを勧め、代々伝わって来た趙氏の家業を継承することを決めてやった。

君はその後、受験準備に専心して弁当二つを持って、朝出掛けると午後六時まで職務に当たり、さらに図書館に立ち寄って消灯するまで勉強して、夜十時過ぎでなくては帰らない日課を毎日繰り返した。今年六月に施行される薬剤師試験には必ず合格すると心に誓いながら、肉体を過度に酷使したのであった。

これより先、過ぐる一九三五年冬クリスマス前のある日、私は趙君から『聖書朝鮮』誌に連載していた「ヨハネ福音書試訳」を中止することと、私の主催する集会への出席中断と、私との関係を中止するとの宣言を受けた。趙君の伯父は市内で大きな漢方薬局を経営し、父親は清涼里で漢方医を開業中であり、従兄達も市内数箇所に在ってそれぞれ漢方医を開業中である。それにもかかわらず、親子兄弟よりも私を思慕する心で、『聖書朝鮮』社の近くに一部屋を借りてその母子が居住したのであったから、この宣言を受けた私もだが、一切の絶縁を宣言する趙君も尋常な気持ちで行ったことではなかったであろう。

この絶縁を宣言した理由は何であるか。もちろん趙君は法律的な罪人ではなかったし、また道徳的な罪悪を犯したのでもなかった。ただ新約的な愛のキリスト教を知るだけであり、旧約的な義の宗教を知らなかった。信仰的な自由を有り難く思うのに急で、儒教的な東洋道徳の厳しさへの謙遜さを忘れた。既に知ったことをもって知ったか振りをしたがった。慎重さがなかった。これはあたかも、三角山の磐石の下の髪の毛ほどのひび割れの裂け目だった。しかし、裂け目こそ全三角山を崩壊させる原因である。

不遜は信仰道徳界の終点である。成長は中止するようになる。この危機を洞察した教師は渾身《こんしん》の力を尽くして破門を宣言した。微妙、深遠な真理の問題は理論で納得させせられるものでない。ただ否は否！と、私は自分の領域を厳然と固守するより外になかった。教師一人が無視されるというのならば耐えることもできようが、真理が踏みにじられ、信仰が誤解され、神が無視されるに至る時には決然とプロテストせざるを得ない。些少《さしょう》に見えることに苛酷《かこく》な宣言を下す教師も酷といえば言えるだろうが、これも教師たる者の飲むべき苦杯の一つである。

現代教育には教師という者がいない。高等普通学校（注・朝鮮における中学校）の教師として、私も官公庁とか会社や銀行の一係員に過ぎないと生徒達に見られるのであり、教師自身も自らそう対処する世相である。こんな世の中で、趙君はその教師を昔の意味の先生と思ったようであった。それ故に、その教師も全責任をもって最上の道に教え導こうとせざるを得なかった。実際のところ、教師自身よりももっと高い道を歩ませたく思った。だから、趙君が現代青年の共通した病気——を当然だとして行い、その道を歩もうとする時、絶縁宣言が起こった。水準以下だから問題になったのでなく、普通の水準に落ちたことの良し悪しを問題にしたのである。

しかし、絶縁半年後である今年五月に至っては、適当な機を見て宣告を解除しようと思った。過ぎたるは及ばざるが如しという恐れもあり、私の思いを伝えようと思ったが、今春以来着工した貞陵里家屋の建築が重なって寸暇を得られないままに今日、明日と延ばしている間に、突然趙君は逝ってしまった。

まことに突然去った。五月二十九日夕飯まで何の異常もなく食べて眠ったのが夜十一時半ごろ、大声で二言、三言叫んで、傍に寝ていたその母親の眠りを妨げないように静かに忽然《こつぜん》と去った。医師は心臓麻痺だと診断した。後で聞くとその教師に絶縁されたことが大変なショックを与えたようで、それによって悔恨の涙を少なからず流したという。そんなに深刻に悔悟したものと分かっていたらという考えが教師の心に起こった時は、既に「赦す」との声が彼に達し得ない時であった。ああ！

私は人の教師になる資格もない者であり、なろうと願いもしない。あるいは、趙君のように私を先生として対する者があれば、これは悲哀の始まりであるかと思う。世の中に愚かな者が少なくないが、「キリスト教とはこんなものだよ」、「先生の意見もこうだろう」、「神の御旨はこうだ」といって独断する者のように、不治の大病にかかった者は天下に多くはない。ところが、現代の青年達はこぞって例外無しにこの患者である。世の中で悲痛なことを最も理解するだろうと思い、かつ信頼してくれるだろうと思う者に向かって、「ノー」と言って拒否することほど悲痛なことはまたとない。しかし、教師は教師となった以上、この「ノー」を連発せざるを得ないので苦杯を嘗めさせられる。

「ヨハネ福音書試訳」は彼が理解した通り完全に改訳されていれば、今ごろは完結されているはずだったのに、上述した理由で中止された。今、彼の短い一生を回顧しながら、その遺稿を得て印刷してみたら、偶然なことであったが、その原稿の中に、ラザロが死んだという知らせにイエスが泣いた場面（ヨハネ一一・三五）と、その死んだラザロを「ラザロよ起きなさい」との一言で復活させた場面（ヨハネ一一・四三）と、マリヤがナルドの香油をイエスに注ぎ自分の髪の毛で洗う場面（ヨハネ一二・三）が、まさに改訳の個所であった。

趙誠斌君の短い信仰生活は、それが短かったにせよ、ナルドの香油をイエスの足に注いだ一生であり、彼が彼の教師に対する誠実さもまたそうであった。

短い一生であったが、趙君はナルドの香油を主イエスに注いだたことで、人生の為すべきことをなし尽くした者であり、一粒の麦が地に落ちて死に、多くの実を結ぶ準備が整っていた者であった。

（一九三六年七月　九〇号）

『聖書朝鮮』誌の行路

『聖書朝鮮』の刊行趣旨

孔子の言葉に「朝聞道而夕死可矣」（朝に道を聞かば、夕べに死すとも可なり）というのがあることは誰でも皆よく知っているところであり、昔から今に至るまで逆らえない真理を喝破したものである。一片の菓子や一杯の酒よりも道義の教訓一句を一層尊重し、たとえ暖衣飽食ができなかったとしても、正しい言葉一言聞くことを無上の光栄と思い、無限の満足を感ずるところに人の人たる所以《ゆえん》がある。

道を聞くことのできた者は一生を成功した人であり、聞けなかった者は一生を失敗した人間である。それ故に「朝聞道而夕死可矣」と言うのであり、また聖書に「人はパンだけで生きるものではなく、神の口から出るすべての言葉で生きるものである」（マタイ四・四）というのもこの意味である。

しかし、人は道を聞いて終るのでなく、道を行うところまで出て行くべきである。だが、道を行うことは容易なことではない。昔から「力行」というが、道を行うには勇気の必要なことを言っており、新約論語にも「義を見てせざるは勇無きなり」と言って聖書にも使徒パウロが「善を行おうとする意志は自分にあるが、それをする力がないからである。わたしの欲している善はしないで、欲しない悪はこれを行っている。……ああ、だれがこの死の体から、わたしを救ってくれるだろうか」（ローマ七・一八〜二四）と悲鳴をあげている。

このように道を行う勇気の欠乏を悟り、善を行う能力が自分に全く無いことを自覚して苦痛と煩悶を感じるのは、古今東西にわたって人類の共通した体験である。多い少ないとかその強弱はさておき、こうした体験が全く無い人間がいるとすれば、それは人の形をしているだけのことで、実相は人間でない者である。それ故、この苦痛を体験するだけでなく深刻に体験すればするほど、その人生は深遠となり高貴な人生を生きることになる。

道を聞いて善を行おうと勇気を尽くして行い、苦しみを体験することは貴いことだが、そこで終わっては失敗である。その難関を突破することが一層貴いことである。そして、その難関を突破するには信仰があってこそ突破できる。信仰だと言えば科学的教養もなく、近代思潮、特に唯物論的思想を呼吸できなかった愚夫愚婦どものものと片付ける者がいるが、これは大変浅薄な人たちの思想である。それゆえ、所謂インテリ層の軽薄と唯物主義者の反宗教運動に対し、信仰の立場でプロテスト（抗弁）しようとすることが、本誌発刊の一大趣旨であった。

信仰は爆弾のようなものである。土木工事に鍬だけでは大工事はできず、戦争も銃剣だけでは大戦闘をすることはできない。巨大な岩を砕き出す時や堅固な要塞を攻撃する時には、必ずそこを爆破してこそ所期の目的を達することができる。この爆弾こそがキリスト教の聖書の真理である。それ故、パウロ先生は「福音はすべて信じる者に救いを得させる神の能力である」（ローマ一・一六）と言われた。そして、この「能力《ちから》」という字はギリシャ語で「ダイナマイト」と同義語である。

我らはこの能力の爆弾を聖書の中に発見して、まず自分自身が実験した故に、家族親戚と同胞民族がこの真理を発見することを願わざるを得なくなったのである。朝鮮にキリスト教が伝来してからすでに約半世紀に及んだが、これまでは先進欧米の宣教師などの遺風をただ模倣する域を脱し得なかったことを遺憾に思い、純粋な朝鮮産キリスト教を宣教するために『聖書朝鮮』を発刊したのである。

願わくば朝鮮にキリスト教の能力《ちから》と教訓を伝達し、聖書的真理の基盤の上に永久不滅なる朝鮮を建立したく思う願いが『聖書朝鮮』という形で誕生し、約十年前から今月まで八十号が刊行された。

（養正高等普通学校第三十周年記念展覧会に掲示し た原案）

（一九三五年一〇月 八一号）

『聖書朝鮮』は何であるか

『聖書朝鮮』が一九二七年七月に創刊されて以来四星霜が過ぎ、誌数も第二十五号に及んだ。朝鮮に向かって訴えたのであるが、朝鮮はこれを問題にしなかった。――時たま世間の好事家が、これの是非を論じ批難をすることが全く無くはなかったが。

しかし、最近に至り、親愛なる兄弟達の中から『聖書朝鮮』の使命、態度、経営方針などに関して、真心のこもった忠告と質疑をしてくれる人が時々現われるようになった。内容は各人各様であるのだが、総合すれば「大体『聖書朝鮮』は何であるか？」ということである。これに対しいちいち手紙で答えるのが難しいので、この機会にまとめて答えておきたいと思う。

他の国、別の時代のことは知らないが、朝鮮の現在においてキリスト教の雑誌といえば、第一に神学校、教会、教派の機関誌である。その大部分は直接間接に西洋の宣教師と関係のあるものがほとんどであるが、『聖書朝鮮』はそうでないから、教会関係者から見れば思いも及ばない雑誌ということであろう。第二に、一般社会で一党一派の雄と自任して立つとか、あるいは、天来の使命を内外に宣布して、自らの名を熱烈に挙げようとする雑誌などよく朝鮮で見られることだから、雑誌として存立することに問題ないだろう。しかし、『聖書朝鮮』はこのいずれでもなく、どこにも属さなかった。これが知人の間にも読者の間にも疑問の起こる点であるだろう。どんな方程式にも符合しないから処置に困るだろう。

回顧するに四年前、『聖書朝鮮』は同志六人の同人誌として生まれた。現代教育を受ければ受けるほど、キリスト教信仰とは反対の方向に進み、果ては持っていた信仰まで消失してしまうのが一般の傾向であったが、さらに信仰を深める者、新しく信仰を与えられる者もあって、彼らは志を一つにしてその喜びと信仰を世に告白して、キリストの証人として立つことが彼らに共通した主な動機であった。もちろん、日増しに荒涼として行く朝鮮の民に、各自が経験したところの霊的に新しい人となる歓喜を分かちたいという願いも、皆無ではなかった。こうした動機と願いは成功如何にかかわらず、創刊以来、号を重ねて発表されたから今繰り返すべきではない。

しかし、過ぐる一九三〇年四月に至って、学校を卒業して単純な生活を離れるようになると、同人達は前と変わらない歩調で力を合わせることが困難となったので同人制は解体され、『聖書朝鮮』は一旦廃刊された。その後、私がこの廃刊された『聖書朝鮮』を単独の責任で継続することになった。それ故、「今の『聖書朝鮮』は何であるか?」という質疑に対しても、私は私の単独の責任において答えるのである。

前身の『聖書朝鮮』誌同人の一人である私が引き継ぐことであるから、現在の『聖書朝鮮』にも以前と共通した趣旨を踏襲しているのは事実である。例えば、私という罪人の上に神の御業が顕われた実験録を記載して、これをもって兄弟に信仰の告白をしようとすることは前と同じである。また誌面を読者と一般平信徒に提供することにしたので、その執筆者中に、これまでの同志達がいることも自然の道理というべきであろう。

しかし、「今日の『聖書朝鮮』は何であるか?」と問うことは、「君は誰か?」と尋ねるのと隔たりは遠くない。明日は分からないが、今日までのところは私は特別な使命に立った者ではない。そのように、私に偉大な使命があることを夢想することよりも、むしろ、私は自分が狂人ではないか、私の神経系統と品性と肉体は全て普通(normal)であろうか、あるいは、平凡な常識人であるのかと自らに問うことに没頭するのが、今日この頃の私の現実である。

このような状況にある私に向かって、ある友人が伝道の使命を明快に宣揚してから確信をもって出発《た》つように勧めてくれたことは、その友誼の厚さには感謝するが、私を過度に拡大鏡で見ていることと指摘せざるを得ない。

私は所謂「伝道者」ではない。神学校で牧師として養成された者でもなく、それ故、総会や監督の任命を受けたもので無いことはもちろん、特別な経験を経て伝道者としての使命を自覚する者でもない。ただ一人の平信徒であるだけだ。

私は闘争を好まないだけでなく、むしろ、大変臆病者だ。真を真と言うために已むを得ず非を非だと断ぜざるを得ない時にも、私が放った実弾は敵の皮膚さえも傷つけられないように見えるのに反して、敵の虚弾はむしろ、私の肝胆《かんたん》を寒がらせる状況である。どの点から見ても、私は近代に流行する「闘士」

でないことは明らかである。こうした臆病者を捕まえて「一肌脱いで争え」とか、「朝鮮において既成教会機関を離れて行う伝道の使命を自覚して、大胆に活動してはどうか？」と勧める人もあるが、何か錯誤に起因した助言ではなかろうか？　臆病者はひたすら恐縮するばかりである。

私は無学な者だ。それ故、組織だった整然とした神学を要求する人は、機関が完備され、俊才・碩学が所長となって力を発揮する神学校の機関誌にこれを捜すべきだろう。私は普通の人以上の霊的体験を持ったことが全くない。それ故に、キリスト教の第三転期(注)が到来したと黎明の警鐘を鳴らすような鋭敏なる眼識も持ち合わさないし、霊界の先端を行き、前人未到の処女地を新しく開拓するほどの霊的な天才の気品も持っていないことを申し上げておきたい。

それ故、私は以上のように特別な使命に立った者でもなく、伝道者でもなく、いわんや闘士でもなく、最新の神学説とか新しい教理を唱導する者でもないから、私の主幹する『聖書朝鮮』が私以上のものでないのも当然なことである。すなわち、右に列記した要素の一つも持ち得ない雑誌だ。「そんなことで何で雑誌を出すのか？」と他人が言う前に、私自らが問うことにする。これに対する自らの答は次の通りである。

私はイエスをキリストと信じる一介の平信徒に過ぎない。聖書の大意が何であるのか、小意が何であるのか、日曜日の講義の参考書にどんなものがあるか、また、生命録（注・長老教会をはじめとするキリスト教会における「受洗者名簿」のこと）とは何であるのかも知らない知識の乏しい平信徒だ。教会規則も弁《わきま》えず、朝鮮内の各教派の分布も知らない。もちろん教会法を学んだわけはなく、説教学を読むこともない。ただ私がキリストを信じ、私の家族と少数の兄弟が来て集会に参加する時、「当然で明らかな道理を、それすらも知らない者に私の知っている通りに」伝授するだけである。

その集会に参加することを望みながらも、環境が許さない少数の兄弟が遠く離れた所にいる。その少数者に我らの聞いた通り、言った通りを伝えるために『聖書朝鮮』は刊行されるのだ。そして、残ったものがあれば他の所にも配布するのである。それ故に「雑誌というものはこれこれの使命感をもってこれこれの態度、背景、文筆力、反響など…の条件が揃った後に発行するものなのだ」と主張する人がいるならば、私は従順に譲歩する。『聖書朝鮮』は雑誌ではないのだ」と。だから「印刷した手紙」だと言ってもよく、「何もないものだ」と言ってもいっこうに構わない。

しかし、特別な天来の使命にも立たず、神学校や監督の資格認定も受けなかったとしても、家族に聖書を教えること、「キリスト教を何も知らない者に伝えること」を問題だというならば、それには異議がある。私は新奇なことを提唱しようとするのではない。二千年間試験された明白な真理を、事物の根本の理《ことわり》の道も知らない人に伝えようとするだけの者である。(それ故に『聖書朝鮮』は知識人、非常なる体験のある人、新奇な主張を要求する人には得る所はないだろう。)

あたかもそれは休暇を利用して文盲退治に協力する中学生のそれに過ぎないのである。大家をもって自任しようとするのではない。そこにあるものは一千七百万の文盲に対して、自分の知っていることの幾分かを伝えようとするささやかな願いだけである。しかし、ささやかだからと言って無意味なことではない。偉大な軍人であり政治家であったクロムウェルは、アイルランド駐在軍司令官を任命しようとラドロー氏を密室に招き入れて、地上に神の摂理が成就されて行くこと、特に「詩篇第百十篇についてほとんど一時間語った」という。将軍が聖書で部下を指導した時、彼は偉大な将軍であった。一国の宰相が聖書によって施政した時、彼は最大の政治家となったのである。

『聖書朝鮮』とわが集会は、主張よりも研究を主とする。復興会《リバイバル》で見られる興奮した状態と法悦の境で狂ったような、酔ったような態度は我らが取るところでない。砂をかむようであろうとも学問的研究を主とし、充分ではないが研究の結果を掲載して送るだけである。もちろん、歴史と自然とキリスト教的思想も知りたいが、それよりも聖書本文の研究と注解に全力を傾注して、不充分ではあるが知っている限りの聖書知識を提供したいのである。しかし、どんなに説明するとしても、『聖書朝鮮』が何であるかは、問うより読むことで最も速く分かるだろう。

洗礼者ヨハネが弟子を送って「当然来られる方は先生ですか?」と尋ねた時、イエスは答えられて、「あなたたちが行って聞いて見た通りをヨハネに告げなさい」と言われた。『聖書朝鮮』が何であるかを今私が幾ら充分解説したとしても、それは「聞いて見た事実」の百分の一も尽くすことはできないのである。『聖書朝鮮』がどんな使命をもっているか、善を行なうのか、悪を行なうのか、価値あるものであるのか、無いものなのかについては、現在と将来の『聖書朝鮮』誌自体によって判断せよ。

（一九三一年二月　二五号）

（注）リバイバリストとして有名な監理教会牧師・李龍道（一九〇一〜一九三三）が主導した聖霊運動を、自ら朝鮮キリスト教の「第三転期」と呼んだ。（監修者）

本誌読者に対する要望

一、本誌を読まれる人は、小学校の教科書によく通じるほどの読書力をもった人であることを期待する。最低限度まで解り易く書いて、どんな人であってもハングルさえ分かれば読めるように、文章を書こうとする願望は当分の間断念した。それ故、小学校の教科書に現われる漢字とこれに類似した文字を理解できる程度、そこを目標として努力している。しかし、実際には中学校上級生にしても本誌を理解し難いとの訴えをよく聞かされるが、それは他の要因が不足しているためだと思う。

二、本誌の読者は、何よりもまず旧新約聖書を通読した人であることを要望する。本誌の使命は、誰でもが聖書本文を自から読むことを助けようとするところにあるから、その聖書自体に対して全く無知であっては中学卒業者でも本誌は難しい本になるだろうし、大学出身者にでもやはり難解の書となるだろう。ちなみに、一般雑誌よりも本誌は難しい本だという人達は、大概文字は読み得ても、聖書が取り扱う真理と生命の世界を知らない人達である。

三、本誌読者は文字を文字通りに読む外に、字間と行間をよく読み得る人でなければならない。これは学識の問題でなくて知恵の問題である。学んだことのなかった無知な老農夫と樵夫《きこり》でも、この知恵をもった人は行間を読む力をもつことができる。昔から真実な事、正しい事、正しい言葉などは、露骨に表現されずに何かの外衣を付けて現われることが多い。新約聖書の黙示録は、そんな種類の文書の中で最も顕著なものである。程度の差こそあれ、本誌も一種の黙示録だと言える。今の時代は比喩や象徴や隠語でなくては、真実を言葉では表現できない時代であるからである。知恵の子だけが知恵を理解する。

四、本誌は、昔記録された旧新約聖書を注解することを主な目的とするため、現代の世の中とは何んの関連が無いようだが、その解釈の材料は今日現在のものから取ったものが多い。古臭いと言われる聖書を読むと同時に、宇宙自然の進化と世界歴史の進展にまで細かく関心を払いつつ聖書を読むことを要望するのは、そのためである。

五、主・キリストを愛する心、本誌のためにも祈る心をもって本誌を開く時には役に立つことが無くはないはずだが、もし役に立たなければ、むしろ読むべからず。自他に害だけが残り、疑惑と嫉妬の雲だけが濃厚となるだろう。純粋な善い心でもって事物と向かい合った経験が無く、単純な好意をもって人を理解しようとする習性を持たない人には、本誌が何ら善い結果をもたらすことはできないだろう。しかし、その中に何か真実なものを見つけるならば、本誌はあなたを生かす香りともなり、あるいは、殺す臭いともなるのであろう。(二コリント二・一六)

(一九三九年九月　一二八号)

高等遊戯

一九二七年七月に初めて本誌創刊号が出た時は、良し悪しなどの批評はなく、後に唯一批評をされたことは、『聖書朝鮮』は学生らの「高等遊戯」だというものであった。高等であるか下等であるかは知らないが、遊戯はたしかに遊戯だった。衣食を得ようと職業として刊行したのでもなく、牧師、長老の家庭に生まれたとか、宣教会や神学校との関係があって発行したことではなかったので、遊戯だと言うのが最も適切な観察であったろう。

それ以来五十号が全て遊戯であって、つまるところ、将来終刊までこの遊戯の態度だけは持続されるだろう。『聖書朝鮮』を発刊することで救いに与かるだろうなどもちろん考えたこともない妄想であり、むしろ、私のような浅い識見の門外漢が聖書研究や信仰云々することは、神聖な御経綸に逆らう事ではないかという畏れが、常に心から離れることはなかった。

それにもかかわらず福音を告白せざるを得ないままに語り、『聖書朝鮮』を発刊せざるを得ずして刊行を続けてきたのであったから、これこそ「高等遊戯」だと言わざるを得ないだろう。我らは遊戯をして、神は我らの事業を経綸される。

（一九三三年三月　五〇号）

再出発

『聖書朝鮮』は他を論難攻撃を事とする雑誌だと見る人が世間には少なくなかったし、誌友の中にもその闘争を以て快い事だと見る人もなくはなかった。しかし、これは本誌を大いに誤解することであるので、新しい誤解を招くかも知れない多くの危険を冒《おか》しながらはっきりと宣言するが、今後、我らは教会に対する一切の批判、攻撃を中止する。

古来、真実な勇者は普通人よりむしろ恐怖心が強かったし、歴史上の勇将もやはりやむえず戦った者たちだった。腕力を自慢していたゴリアテはダビデの一撃によって死に、無敵艦隊を誇っていた国家は全て、弱小な艦隊に惨敗してしまった。闘争を事とするのがよくないことは世間の常識でも判断できることであるとすれば、どうしてキリスト教の真理によってこの事を悟ることができないだろうか。

無教会主義というのは既成教会を攻撃するのにその存在の使命があるかのように言う人があり、また、無教会の本場（注・内村鑑三の弟子たちが活躍している日本のこと）では、「私は争う」という年頭の標語を提唱する人がいることを知らなくはない。それにもかかわらず、我らは一切の論争、攻撃を断念すると宣言せざるを得ない。元来、我らは意識的に、計画的に、組織的に、神学的に、「わたしは闘争の勇士だ、既成教会を攻撃するところに我らの使命がある」などという考えを懐いては、一晩も安眠できない性格の所有者である。だから、「君は無教会主義者でない」と言われてもいたしかたない。

無教会者になれないのみならず地獄の刑に処せられるとしても、我らは昼夜教会を攻撃することが自分の使命だと認識しては一日も生きて行けない者である。我らの見たところでは、神もキリストも平和がその本性であり、激憤されるのは已むを得ざる一時のことであり、しばらくの間のことである。それ故に、朝怒ったことを日暮れまで置くなと言われた。

昨年まで、あるいは、昨日まで争ったことがあったとしても、今日また再びその闘争を継続する義務も興味もない。内村先生の一番弟子の中には昼夜「無教会、無教会」を連唱して、あたかも「南無阿弥陀仏」を連呼する俗僧みたいな人も見られるようになり、問題についての意見が、無教会者同志の間で対立して相争ってやまない様子を目にするようになった時、無教会主義者の陣営内に、我らを引き止めようとするすべての勢力と誘惑から我ら自身を解放すべきことを痛感した。

それ故、、無教会の大家たちと歩調が一致しないと我らを批判するなかれ。内村先生の戦われた戦いと違うと責めるなかれ。彼らには彼らの立場があり、彼には彼の時代があった。我らはルターの抗争、パウロの弁論だからと言ってそれを継承すべき何らの義務を覚えない。ただ平和を希求する心で、この身を主キリストにゆだねるだけである。あの社会と時代に向かってキリスト自身が戦われたから、ひたすら、我らもこの社会に向って全力を尽くしてキリストの戦いを戦うだけである。推察するに、今度の戦いは、ヤハウェを敬い拝むすべての群れが力を合わせて当たるべき戦いであると言えよう。


（一九三七年二月　九七号）

第百五十号（満十四周年）

創刊より満十四周年、第百五十号を発刊するに当たり、実に感慨無量である。必ずしもその号数が多いからではない。半島内にも、これよりもっと多い号数の月刊雑誌が皆無ではない。必ずしも創刊以来の歳月が長いからではない。半島の中でも、これよりもっと長い歳月を続けて刊行した雑誌がなくはない。

創刊当初には、十四春秋にわたって第百五十号まで私が編集するだろうとは考えもしなかった。たとえ続刊しても、私がその任に当たろうとは夢想だにしなかった。私は文筆で立つことを志すよりも農業畜産を志したものであり、神学を研究するよりも天然界を相手にする博物学に傾いた者である。たとえて言えば、我らは雑誌刊行においては「路傍の石」に過ぎない。

本誌の創刊は、第一次世界大戦の余波いまだ鎮まらなかった時であった。世界の思潮が混沌と急変の中にあった。朝鮮の青年達の思想と行動が、その渦中から脱出できなかった時代である。その思想の動揺変転の跡を最も簡明に記述したものとしては、『局友』第十巻第二十号（一九三四年十一月十五日発行）の「朝鮮思想運動概観」を参照せよ。今は詳述しない。

とにかく、数多く思想が起こっては消えて行き、色々な思想家と運動家達が右側に千人、左側に万人と倒れて息絶えた。したがって、その間に何々主義、何々運動を標榜する機関誌も雨後の竹の子のように生れた。そんな渦中で成功はしなかったが、本誌は終始一貫ひたすら聖書一巻を繰り返し講じて今日に至ったのであるが、回顧するほどに実に奇《くす》しき歩みであった。

キリスト教と言えば当然外国人の補助を連想されるであろうが、今日まで一銭の補助を受けたことがなかっただけでなく、外国宣教師達のやり方でやってきた朝鮮キリスト教会から多大な排斥と誹謗を甘受しながら、いかなる団体の背景も賛助もなく、また、主筆たる者の固い意志やずば抜けた筆才によることもなく、積み立てられた資金もなかった雑誌が、創刊号より百五十号に至るまで、収入が印刷実費にも欠けるほどしかならないこの雑誌が続刊できたのは、どう考えても人の力によってなされたことではない。

それ故に、今に至るこの時、この場に臨み、我らの目が天に向かい、主イエス・キリストの計り知れない不思議な摂理の御手を仰ぎ見て、その導かれて来た跡に驚き畏れ、讃美と感謝に溢れたとしても、それは決して宗教人の偏った感性のためではない。自然人の自然な心のしからしめるところである。

人間的に言うならば、創刊当時の同人五人、特に第十五号までの編集主任として福音伝道をするために、「生食法」（注・健康のため食材に火を通さず生で食べる食事法）までしながら奮闘していた鄭相勲兄に大いなる尊敬の意をささげる次第であるが、すべての栄光は主イエスに、辱しめとなることはすべからく私に。

（一九四一年七月　一五〇号）

生活周辺

わたしの自転車

自転車を失ってみると、自転車が自分の手足の一部分だったことを切実に悟った。突然足を切られた者の不便を忍びながら通勤しようとすると、自転車のあった時に、それが私に与えてくれたすべての善きことの数々を思い出させてくれる。

この間、二度ほど交通巡査に冷たく扱われたので、交差点の交通信号を判読できるようになったことは自転車のお陰である。信号の中で「進め」と「止まれ」は問題ないが、「回れ」の理解が難しくて、鐘路や光化門通りのような十字路は易しいが、南大門と京城駅前のような斜行路が難しかった。

大体競争に弱い私が、毎日バス、電車に乗る競争を避けることができ、心の苦痛を免れさせてくれたのも自転車のお陰であった。電車とバスの中で、高慢な婦女子と無礼な若者と人相の悪いモダーンな男女青少年を見て我慢する必要がないのも、もちろん自転車の功徳であった。

自転車に乗れば、我が家を出発して学校に到着する間無我夢中で、毎日朝夕に大京城の「都心」を通過するが、ソウル市内は自分にとって一大トンネルに過ぎない存在であった。

ソウルを象徴するあらゆる人物と建物と商品が左右に城のように拡がっていても、左右を見回す必要もなく、また、できもしなかった。自転車の上ではただ前方の道を直視する以外は何も無い。目は単純だから、考えもしたがって単純である。万一変化があるとすれば、疾走する自転車の前方の道を交通信号が立ち塞がることであるが、この時は全注意力が一層一点に集中される。

ソウルに住んでいてもソウルのすべての醜悪なもの、悪辣《あくらつ》なもの、浮華空虚なもの、怪しいものを見ないのみならず、「失望」でなければ「酔ぱらい」という烙印《らくいん》を押された老人と青年の表情を眺める余裕もなく、ひと筋のトンネルの中を往復するように通勤させてくれるので、自転車は有り難かった。

徒歩―バス―電車の連絡で一時間十分を要する道を三十五分で走り抜け、一日の往復で一時間余の時間を私に提供してくれたのである。ただ、自分の自転車だからできることで、本当にありがたいことである。

自転車は現代のろばだ。京城府内の交通整理政策上から見ても、電車にレールがあり、自動車に指定の道幅があり、荷馬車も指定路上を行くことになっているが、ただ自転車だけは指定の道路がなくて、その間を縫うように自由に走り抜けることができる。

それに、自転車乗りの大多数は社会に奉仕する階級の身分、地位の低い人たちである。乗物の中で最も安価なものに乗り、使用人、配達夫たちと同じように並んで走っていると、ろばで入城した主キリストのことをしきりに考えさせられる。私の自転車は私自身に、より一層幅広い社会で呼吸できるようにしてくれた。

（一九三七年一月　九六号）

春の夢

春は夢を多く見るというが、次のような夢であった。

清らかで暖かい早朝、白岳山麓を登る時、一人の老人が松林の間を暇そうに歩いていて立停った。細くて背の高い体に、曲りくねった長い杖を手にしていた。頭は白雪のように白く、ひげは膝までまっすぐに垂れていた。

老人が言うのに「わたしは三十余年間、朝鮮キリスト教会の長老だが、君はだれだ」と。

わたしは答えた、「わたしは七の二十一倍の号数まで『聖書朝鮮』を発行している者です」。

老人、「今後、何号まで発行するつもりかね」。

答えて言う、「そうですね。自分は死ぬまで続けたいのですが、今年の六月から雑誌用紙の配給制が実施され、まず企画部の認可を受けねばならないことになっているので、五月、六月が一般出版界では重要な時になるだろうといいます」。

老人、「七の二十一倍号まで続けられた雑誌を、用紙が無くて中止するというのか。仕事だと考えているのか。遊戯と考えているのか？」

答えて言う、「用紙の使用認可を受けたら続刊するだろうし、受けられなければ、国策上どうすることもできないから廃刊するでしょう」。

老人、「もちろんそうだろう。国策には順応しなければなるまい。しかし、国策上必要だとすれば、ページ数の半分を国策用に縮少して、残りの半分で続刊することはできないものか？」

答えて言う、「『聖書朝鮮』は雑誌体裁の最小限度である二十四ページなのに、またその半分と言えば余りにも貧弱なものになりますが、国策順応の見地から、それでも許してくれれば続刊したいものです」。

老人、「もし十二ページも余り多くて許されないから、その半分の六ページだけでやれと言えばどうするつもりか？」

答えて言う、「そうなればページ数が余りにも少ないから、むしろ廃刊してしまおうかと思います」。

老人、「ハッハァ、若い者たちはそのように性急だから駄目だね！　六ページでも多いと言えば三ページを、それでも多いと言えば菊判半ページ、すなわち、葉書一枚ほどの用紙だけであっても認可を受けよ。そして、そこに『聖書朝鮮』第何号と印刷し、残りの紙面に二十四ページ分を圧縮して書けるように努力し勉強せよ。努力すれば二十四ページの文章を葉書一枚に書くことだってできるはずだ」。

答えて言う、「そうです。万事が欲ばりでありました。これからは貪欲を捨てて文章を修練します。しかし、どうしたらよく書けるようになるでしょうか……」。

そう言っている間に、老人はどこともなくいつの間にか消えたので、私は岩にひれ伏して祈り始めた。「主よ、現在の文章を四十八分の一（注・『聖書朝鮮』の半ページ分）に圧縮した名文を書けるように力を与えてください……」と。目覚めた時は全身が汗びっしょりであった。畑を耕した牛の汗よりもひどかった。

（一九四一年五月　一四八号）

わたしの「天幕職」

脱穀する牛が脱穀場に落ちている穀物で飽食するように、伝道者は伝道することで衣食する権利がある。しかし、その権利を自ら辞退して昼夜天幕を作る職業に従事して、自分と同労者たちの糊口をしのぐ策をあみ出したのが、使徒パウロの伝道者としての生活方針であった。

「日本キリスト教会」の創設者植村正久氏も、創業初期には家庭教師や雑誌への投稿執筆などを問わず、「日夜勤労して」教会を建てたという。伝道によって衣食する者だけが正統な伝道者だと威張ろうとする信仰は、恐らく一種の間違った信仰ではないかと思う。

最近、金重晃君から本誌を助けるための「提議」があったが、それに応じる者は私が予言したように、アブラハムがソドム、ゴモラのために神にねんごろに求めた最後の義人の数にも及ばなかった。それ故、我らはどのような形であっても、夜昼「天幕」作りに精を出すしかないのである。このことだけは他の誰よりもタルソの人、使徒パウロを手本にしようと願うのである。

（一九四一年七月　一五〇号）

二、三の事実の修正

次の手紙を受け取り色々と考えさせられた。似たような内容の手紙が前にもあったので、一緒に修正と弁明をしておく必要があるようだ。

……先日は、雨の中を狂った犬のようにずぶぬれになりながらお訪ねしてしまい、先生には貴重な時間を費やさせ大変御迷惑をおかけしましたが、私は代わりに大きな愛を受けて帰って来ました。私は口下手で心の中の感謝の気持ちをよく表わせぬため、時々愛想が無いと非難されることもありますが、特に先生のお宅を去る時は誠に言葉で表わせませんでしたが、心の中では感謝と感激を一杯抱いて帰って来ました。

私はその日、本当の意味での信者（兄弟）一人に会いに行ったのです。先生をお訪ねしたのは何か教訓を聞くのが目的ではなくて、「風になびく葦」を見に行ったのでもなく、「きれいな衣服を着た人」を見に行ったのでもありません。ただキリストの弟子であり、使者である先生のお顔を拝見に上がったのです。私の顔を見に来たのかと怒らないで下さい。

お顔を見たいというのは、尊敬しているためであり愛するためであります。恋愛結婚は別問題ですが、仲人の紹介で二人の若い男女が、心の中にそれとなく慕ってその顔を見たがる心情に似ているのではないかと思います。

偉大な説教は無言の中でもあり得ると思いました。イギリスのある文学者二人はお互い訪問し合って、何時間か沈黙を守った後に別れて行ったと言いますが、私たちもお会いした時、信仰的な話題はひと言もありませんでしたが、私はリバイバルの説教を聞く以上の感激を覚えました。先生は inspired man であり、また他の人に霊感を与える inspiring man だと思いました。

雨にぬれ水につかった靴を乾かして下さり、汚れた靴下を知らぬ間に洗って乾かして下さいました。その靴下を受け取ってはく時、私は弟子の足を洗われたイエスの愛を連想しました。「愛の訓練所」である先生の家庭にお伺いしてもう五、六日も過ぎてしまいましたが、訪問の印象と感激は消え去らず、直ぐ感謝のお手紙を差し上げたいと思っていたのですが、今日になってやっとペンを執ることになりました。

残暑の折り、自愛されますように願い、先生と御家族一同の上に、キリストの恵みと平和がいつもありますように願いながらペンを置きます。

×××荘にて　○○○拝

これが単純な称賛であるならば、これにあてはまる資格が全く無い者であることを、私は自ら充分知っている。また、これが多情多感なヒステリー女性の発作的言葉であり、または、年若い青年の一時的興奮から出た言葉だとすれば、別に気にかける必要もないだろう。

これは、現在、京城市内の某高等普通学校で教鞭を執っている、私の畏敬する知人の親書であるがために恐縮をもって受け取り、また隠すことなく修正したいと思う。

第一に、聖徒の目には邪悪は見えないという真理の再認識である。牛には鶏が、トラには紙、人間には風、魚には水がそれぞれ見えないと言うが、聖徒の目には他人の欠陥は見えないようである。私の充分でない生活を見て、かえって感嘆の辞を惜しまない人たちは、すべてその生活が聖なる人たちであった。本誌第百号二十三ページの日記（注・一九三七年四月五日の日記、本双書第6巻）に載せられた来訪感想記も、またそうである。

第二に、しかし、何時《いつ》でも誰に対しても、私が右のように親切な人ではあり得ないということをあらかじめ告白しておかなければならない。右の手紙の主はほぼ二年前から本誌の読者であり、私の友人を通して彼の人となりを前もって知っていたし、面会の予約をして主人に時間の準備をあらかじめさせて、来訪した日は暴風雨がひどかったが、「狂った犬のようにずぶぬれになりながら」も約束した時間通りに来て、私に退渓と栗谷（注・二人とも有名な朝鮮王朝時代の儒学者）の逸話を思い出させてくれた。

第三にこの人が来訪した目的は、真正《まこと》の友誼を求める外には何も無かった。教理で、学識で我らを試そうとする者に私は丁重に応待はできない。表面では霊的な指導を請いながら、内面では物質的な援助を画策する複雑な心性をもつ者に対しても親切にできない。伝道の使命を授けられたと騒いだ者が、某生命保険会社の勧誘員として来訪した時は、長く座って話をする興味をもち得なかった。

不幸にも原稿や校正に追われている時に来訪した人は面会を断られて、私を「高慢な者の頭《かしら》だ」と悪口を言う。私は周公（注・中国・周の国の政治家、周代の儀式、儀礼などの礼学の基礎を形作った人物）ではない。誤解と失望を減らすために、あらかじめ以上のことを告白する次第である。

（一九三七年九月　一〇四号）

誌代の前金払込み

何年も前から、欧州の二つの国からそれぞれ、一、二種ずつ新聞雑誌を購読したことがあった。その欧州に国家の存亡をかけて戦う猛烈な大戦（注・第二次世界大戦）が始まってから、新聞と雑誌の配達は前よりも遅れるばかりでなく、時には紛失することもあり、ある国のものは満一年半の間中断されることも起こった。そんな時は何時も取次書店に照会するのだが、「調べては見ますが、戦争による事故ならば不可抗力だからどうにもならない」との答であった。

全く中断されてしまえば前金を全部失うことになり惜しくもあるが、それよりも定期刊行物が発行されているのに届かないで、ところどころ欠号ができてしまうことは、欧州大戦の余波が目前に、自分の机の上まで波及する感じを新たにせずにはおれなかった。

取次ぐ書店も、それでも昨年度の前金払込時までは大丈夫だろうと言いながら、前金払込を勧誘する気配が見えたが、今年度に至っては全く違ってしまった。責任を負い兼ねると明言しながら、従来なら商人が本能的にする勧誘がないどころか、当分の間、前払いは中止するのが賢明であろうと献策してくれる情況である。たしかに世界中の放送は三月攻勢の危機を伝えて騒がしかったので、常識で判断しても、今年度の海外注文は全て中止するのがよかっただろう。

しかし、こうした周囲の情勢下で、私は今年度の前金注文を更新した。前年よりもなおさら躊躇せずに払込んだ。それは次のような心的理由によるのである。

第一に、全欧州の運命に関する自分の祈祷を形に表れたしるしとして、これを続けて払込むことが最も簡便な道であるからであった。

第二に、全欧州の多くの貴重な生命と文化と資産が全滅の危機に瀕しているのに、自分の誌代幾十円を失うのではないか、失うのではないかと言いながら心配して惜しむその根性が醜く恥ずかしくて、自ら罰金を課する意味で送金した。

第三に理論はどうであれ、「宝のある所に心のあること」は事実で、一ヵ年分前金合計五十円前後という金額は私にとって少なくない金額であるが、それでも、これが欧州天地に投ずる自分の「投資」の金額であると考えたからである。

全く何もしないよりも投資しておく方が、自分の心の幅を欧州にまで拡げられる。死闘数年に及びながら全く紙質も変らない雑誌を受け取る時、その国のための自分の憂慮がいくらか減り、また、新聞の封筒の紙質が初めて変ったのを見た時には、戦争の苦しみが次第に深刻になっていることを知り、『聖書朝鮮』誌百二十五号をなでてみる。爆撃機と潜水艦の隙間をぬって無事に机上に着いた新刊誌に接した時は、実に感慨無量！ そのためにいつも一喜一憂させられる。こうして少ない「誌代」で心の庭を全世界に拡げられるのだから、「亦た楽しからずや」である。

（一九四一年七月　一五〇号）

東小門内での感激

十二月三日、半年間も私の身体の一部のように付き添っていた自転車を失い、授業を終わり校正を終えて、いささか疲れた体と憂うつな思いで、市外バスを待ちながら東小門の内側に佇《たたず》んでいた時、黄昏《たそがれ》の向こうから、突然近づいて来て小鹿島の人たちの安否を問いながら、クリスマスのプレゼントに添えて送ってくれとお札《さつ》一枚を差し出す人がいた。青天の霹靂《へきれき》のような思いがけない突発事件に、私は自分の目を疑い、私の頬をつねって見ざるを得なかった。

お札はぱりっとした新しいものであり、こんな用途に受け取った中で最も巨額だったから、私を驚かしたのではない。

第一に、広告発表前のことなので驚いた。広告を見てからもぐずぐずするのが人間であるが、十二月の広告はまだ印刷中である時に、向う側から先を越されてしまってどうしてよいか分からなかった。広告はなくても小鹿島――クリスマス――『聖書朝鮮』の三つが心の底に刻みつけられているからだろうか？　と考えると、天を仰ぎ見る外に自分の感激を表現する方法がなかった。

第二に、金額が多額なのにも驚いた。その人が富豪でないことを承知しているだけでなく、彼は社会的に交際の広い人なので、このような種類の金銭を負担すべき所が二、三に限らない立場なのに、『聖書朝鮮』誌のような貧弱な雑誌に、どうしてこれ程の巨額を寄託できるのだろうか？　託されるままに受け取ることが道理に叶うだろうか？　躊躇また躊躇する。

第三に、彼の属している組織はこうした慈善、救済事業などを、大規模に最も手際よく親切に行う所である。自分の所属している団体の実績をあげることはせず、どうしてまた『聖書朝鮮』社のような世の中でその存在すら知られないばかりか、こうした慈善事業みたいなことには全く経験も技能もない雑誌に心を留められたのだろうか。考えれば考えるほど驚かざるをえない。

第四に、彼が所属している団体は最も浅薄なキリスト教団体であったから、あえて信仰とか真理を論ずることのできない組織だとばかり考えてきた。人々が「ナザレから何のよいものが出ようか」と蔑視するように、「その中にどうして真正《まこと》の信者がいようか」と彼らの組織を軽蔑をもって見ていただけに、その金額の多少よりも、彼の言行の重厚さに、自分の先入感が壊されたのを見て驚いた。

ユダヤ人と異邦人との聖俗を区別していたペテロが、天が開けて降りて来る入れ物を見て、「ペテロよ立ってそれらをほふって食べなさい・・・神が清めたものを清くないなどと言ってはならない」(使徒一〇・九以下)という御声を聞いた後に悟ったように、我らの内を塞いでいた天幕が天井から底まで裂けて落ちるのを実感した。私は自らの勝手な先入観を深く懺悔せざるを得なかった。

我らが敵対視していた団体の中に期待を超えた友誼を備えて下さって、小鹿島の癩《ママ》病患者の兄弟たちの友人として目星をつけられる栄誉をあえて許されたのだから、これより更なる名誉がどこにあるだろうか。

金星が昌慶苑の松林の上にかかり輝きを増す夜、東小門内のある学校の校庭で感謝の祈りをすべく、私は深く頭をたれた。

(一九三七年一月　九六号)

無題

私を非社交的な人物だと批評する人がいる。たしかにその通りである。「社交」ということをこの世の意味で言えば、確かに私は「非社交的」である。しかし、これは私がすべての交友を忌み嫌うということではない。私も普通に友人との会話を喜ぶ。特にこの山麓に来てからは、ここまで訪ねて来てくれるその誠意だけでも並大抵ではないと思うからである。

それ故に、時には脱線して夜を徹して歓談することもある。しかし、本当はそれは私の望むことでなく、有益なことでもなかった。ここで友人たちにあらかじめ諒解を求めたいことがある。

我らは一人前の者ではない。イエス・キリストの奴隷であり、不自由な者である。また、父母や目上の人に仕える身であり、教師の仕事はしても、教育家という一家を成したというのではない。まだ一介の学徒――それも一介の苦学生に過ぎない者であることを理解してくれることを望む。

その外に『聖書朝鮮』という月刊雑誌――これは二十四ページの小雑誌だが、字数で計算すると約五十ページの雑誌に相当し、その編集、校正、発送、配達、収金することと、毎日曜日に一回または二回の聖書講義をする者であることを知った上で接してもらえたら、お互いに残念がることがないであろう。

キリストの奴隷であるから人間の目に気に入られようとする欲は始めから無く、目上に仕える身であり、ナポレオンのような英雄ではないので眠る時間を十分に取らねばならず、苦学生であるから何よりも時間にはケチであることを知ってもらいたい。

以下、私が非社交的であるのは、次のような事情から起こったことであることを、来訪しようとする友人にはよくよく了解してくれることを望む。その事情は次の通りである。

毎週土曜日、世間では土曜日は社交日であり宴会日と定められているようだが、私はそうではない。新しい一週間を戦い抜こうとする準備の日である。この日に私が霊化されるか否かにより、聖日の聖書集会の成敗がかかっており、さらに言えば、一週間の生活の意義がかかっているからである。だから、この日の面会は必ず拒むのである。この日に来訪した人は仮に面談したとしても、心から歓待をすることはできないのだ。この日はすべての人と社会とは絶縁するのがよいからである。

毎週日曜日　午後四時半以後——すなわち、集会の終わった後は歓談自由である。

毎週火曜日　この日は学生時代に聖書の原語を勉強していた日である。当時の先生が厳し過ぎたというよりも、学友が甚だ優秀でまた熱心だったので、朝鮮人の体面を担って彼らに追い付くのに、実に千辛万苦をした。一週間で水曜の朝は自分の体が最も解放され、はずんだ感じのする日であり、しかし、木曜日からそれが一日一日と縮小して行き、月曜日から火曜日の夕方には自分の体全体が、一握りの塊《かたまり》になるほどに緊張するのが火曜日の夜であった。

だから今でも、火曜日の夕方は独りで書斎で机に向っていても、多くの学友と一緒に先生に対して座っているようで、これは自ずから聖別された火曜日の夕方である。苦学生であるから、毎日多くの時間を善用できないにしても、この火曜日の夕方だけは世の中の妨害を受けるのを望まない。火曜日の妨害者は災いなるかな。

毎週水曜日　この日の夕方は家庭礼拝の日である。私自身は必ず出席するとは限らないが、家に居るときは家族全部が集まって礼拝することを規則としている。信仰者はむしろこの日に来て、礼拝に参加し恩恵を分けて下さらんことを願う。

毎月初旬には雑誌の発送と原稿のことで忙しい。**毎月下旬**には雑誌の校正で夜に日を継ぐ時が往々ある。また、初旬にしようとした仕事が中旬まで滞る場合もなくはないことを承知されたい。

毎月第一月曜日　夕方は三友堂時計店（注・金教臣を含め、信仰の友人たちが出資し、宋斗用が主人として営業した店）のことで会合する日である。過ぎた一ヵ月の業績を検討すると同時に、次の一ヵ月を信仰的に進めて行こうと相談する日である。これには、三友堂が信仰的に経営できる希望がある限り参加するつもりである。

一年中では冬期と夏期の休暇が最も暇がありそうだが、実際は休暇中がより忙しい。例えば、今年度の夏期休暇は七月二十一日から八月二十日まで一か月間になるはずだが、その間に七月下旬は校命で総督府主催の講習会に出席するはずだし、八月上旬の約一週間は生徒を連れて妙香山に博物採集に行くことに定めており、八月十日から総督府主催の講習会にもう一度出席しなければならない。

以上で大略実情を述べたが、万一力づくで面会を強要する場合は違った対応もあるだろう。その場合は五里を強要する者と共に、涙を拭《ぬぐ》いながらも十里を行ってやるわけだ。しかし、以上の実情を察して訪問してくれる来客には深く感謝したい。私は成長する学徒である。

（一九三八年七月　一一四号）

回顧と展望

新年の企画

昨年度、我らが平素敬慕しながら親しくしてきた友人と、論戦を交わさざるを得ない立場に陥ってしまった。しかし、論争はそれで終わったのではなく、相手の態度如何によってはさらに本格的に論戦を展開して、真理の所在を闡明にしようと論争に火がついた。

その時のことであった。相手側の団体に属する人たちが、『聖書朝鮮』誌とその主筆に対する態度が実に紳士らしく、信者らしく、人間らしいのを見て、我らは「深刻な反省」をせざるを得なかった。

その結果、

わたしたちはみな知識を持っていることは、わかっている。しかし、知識は人を誇らせ、愛は人の徳を高める。もし人が、自分は何か知っていると思うなら、その人は、知らなければならないほどの事すら、まだ知っていない。しかし、人が神を愛するなら、その人は神に知られているのである。（一コリント八・一～三）

という言葉に圧倒されざるを得なかった。

知識は争いを招くが、愛は過失を覆う。我らがイエスのために既に受けた冷遇は少なくはなかった。そして、これから受ける侮辱も予測はできない。しかし、我らの知人が多少の批判の言葉を弄したからといって耐えられないことはない。それ故、このことと一切に関しては、こちら側に関する限り大晦日で清算して、新年には繰越さないことにした。

また、キリスト教青年会が我らを敬遠したように、我らもキリスト教青年会が浅薄に時流に追従する様子を深く遺憾に思っていた。だから「キリスト教青年会の中に善いものはないのだ」と断言してはばからなかった。しかし、最近に至ってこの先入感が大きな誤った判断であることを現実を通して学んだ。我らが軽蔑してやまなかったキリスト教青年会の中に、尊敬すべき聖徒がいることを知ってから、我らは今まで一律に酷評していた態度を慎まざるを得なくなった。

よって大晦日《おおみそか》を境にして、キリスト教青年会に関しても「深刻な反省」を起こさざるを得ないようになり、過去の知識と感情を皆清算してしまい、今年の新年には、ただキリストによる愛をもって先入観を捨てて、白紙ですべての人に接しようと考えるようになった。

既成教会を攻撃することが、すなわち、無教会主義だと誤解する人がいるくらい、『聖書朝鮮』誌の過去には教会に対する非難攻撃が少なくなかった。しかし、教会の中に、我らの尊敬を惜しまない高徳の牧師と忠実な長老と敬虔な平信徒が数多くいることは、我らが昨今新たに知った事実ではないことを考えると、新年からは教会に対しても非難攻撃的な態度を放棄して、中立からさらに同情協調の心情で出発しようと思う。誤解する人は徹底して誤解せよ。

本誌が創刊された一九二七年（十年前）ごろは朝鮮キリスト教会の全盛期でなかったにせよ、それまでは今日の現状よりはずっと統一があって威厳があった。当時『聖書朝鮮』を除いた外には、敢えて教会を批評する者はいなかったし、皆、教会に従順に服従していた時代であった。

だから、『聖書朝鮮』誌と無教会主義者に課される責任も相当なものであった。ところが、布教五十周年祝賀会が過ぎた昨今のキリスト教界を見ると、今は教会を攻撃し批判する者は『聖書朝鮮』誌や所謂無教会主義者というよりも、その何倍か有力な者が現われ、各自が新しい教派を創設して既成教会の本部に対抗すること、あたかも雨後の竹の子のようで枚挙にいとまがない。

長老教会とメソジスト教会の分裂争いは言うに及ばないが、今はホーリネス教会も他教会に遜色のないくらい活発に分裂している。その上に、積極団問題とか京城中央老会問題とかに至れば両方に堂々たる人物がいて対立したので、かって数人の無教会主義者を処断した時のように、ただ強圧的に一朝一夕に処断することもできず、結局は神御自身としても公正な裁断を下されるのが難しいくらい葛藤がひどくなった。こんな時、無教会主義者がこのような乱闘劇に参加する必要があるだろうか。むしろ、キリスト者の一員として、この教会の混沌たる形勢の責任の一部を感じないこともない。

ミッション経営の学校百三十余校の閉鎖問題（注・神社参拝を拒否すれば、学校の閉鎖処分を受けた）もまた、我らに「深刻な反省」を起こさずにはおかない。原因はどこにあったにせよ、イエスの御名の下に経営していたのに、当局の命令によりやむなく退却する彼らに向って、どうして攻撃の一矢をもって餞別とすることができよう。半島と運命を共にすべき我らキリスト者に、どうして担うべき責任がないと言えようか。我らが欧米の宣教師の高慢を憤慨して久しくなるが、その感情も大晦日以後には持ち越さないように封印したところである。

聖書においても義は先立ち、愛は後に続いた。すなわち、モーセの律法が先立ち、イエスの愛は後に現われた。『聖書朝鮮』の過去十年は、義の十年であり旧約の十年であった。未熟だったと言えば未熟であっただろうが、それでも正しいと見る所に向かって主張もしたし、攻撃もし摘発もした。某氏が我らに向って「高踏的」だと評したのも、単なる誹謗ではなかった。

結局、我らは知識を誇ったこともあり高慢でもあった。しかし、十年を経て成長して迎えるこの新年からは、義に従う愛の成熟期に入ったのである。

知識よりも愛を、攻撃よりも援護を、紙上の論争よりも渇いた者に冷水一杯を与えることを企図しなければならない。誰にも悪意を抱くべきでないと教えられて、どうしてキリストの名に関わる個人とか団体に対し非難攻撃を抱き続けようか。

明日にはもっと大きな論戦が始まるかは分からないが、今日現在の我らの心は、今までに述べてきたようにすべての人を愛すること、誰とでも平和であることを祈りながら新年を出発することである。見る目によっては創刊十年に百八十度の転向だと見えるかも知れないが、これが　永久不変な主の御旨だとも言えるのではないだろうか。「子たちよ、互いに愛せよ！」（一ヨハネ三・一一）。

（一九三七年一月　九六号）

一年の計

あるクリスチャンの商人は十二月二十四日を大晦日《おおみそか》と定めて、すべての商売の仕事、取引をこの日に締め切って、後の一週間は静かにして心身を整え、大晦日の夜は全家族と従業員たちまで特別に早く床に就いて、夜半に起床して除夜の鐘の音を聞きながら、元旦の礼拝祈祷会をもって新年を始めるという。除夜の鐘の音を聞いた後床に就き、正月元旦から朝寝をするようでは、一年の失敗の第一歩だと言うから、本当に一理ある生活と言えるだろう。

それ故、一年の計は元旦にあり、というのは、既に時期を逸した感を免れ得ない。一年の計を立てるために前年末の一週間余りを取っておき、ゆっくりと、綿密に新年の計画を確固として樹立して、元旦からは計画の実施に入るべきである。

同様に、一日の計をその日の朝に企画しようと考えるようでは既に遅い。一日の計は前日の夕方既に立てておいて、早朝に起床したら、直ちに実践の一歩を踏み出すべきである。毎日早朝四時に起床する人にその秘訣を聞くと、「夜十時床に就くのを徹底的に実践すべきです」と言う。夜床に就く時間を厳守してこそ早朝の起床が可能であり、自由に永く続くわけだと。

どんなに非凡な人物であっても、夜ごと十二時過ぎまで遊び興じて精力を消耗しておいて、毎日朝早く起床し、一日の計画を立て実践することは極めて難しい事である。しかし、どんなに凡夫であっても規模を整え節制して夜早く床につく者は、その翌日の予定を前夜に計画することができる。結局一日の計は前日の夜にある。

一年の計がこのようであり、一日の計がこうであれば、一生の計はどうあるべきだろうか。来世の希望をもつキリスト者においては、一生は一日のようであり、一日は一生のようである。葬式を終わった後に天国の計を立てようとしても、時既に遅きを嘆くであろう。一日の計が前日の夜にあったように、来世の計はこの世の生涯を終わる前に立てられていなければならないのである。

理論的にはどうであれ、信仰生活において日曜日を聖別すべきは絶対必要なことである。これは死守すべきことである。信仰から堕落する人の十中八、九は日曜日の俗化がその出発点である。ところが、日曜日を聖別するためには土曜日の聖別が絶対必要条件となる。

土曜日を遊興的な社交の日として一般化しているこの不信社会から、これを聖別することは難しい事であるが、それでも土曜日が聖別されてこそ日曜日が生き返り、日曜日が生きてこそ一週間が生き、一生が生き返り、来世が確保される。見よ、春の日の芽は既に昨年の秋の落葉と共に準備されている。我らの霊魂と一生の計、来世の計は果たして準備できたであろうか。

（一九四〇年　一月一三二号）

韓国無教会双書2　信仰と人生　下

発行　二〇二〇年十二月十五日
定価　二五〇〇円（＋税）
著者　金教臣
訳者　金振澤
発行所　キリスト教図書出版社
〒189-0021　東京都東村山市諏訪町一-二三一-一三
振替　〇〇一四〇-〇-一九二二七七番
電話　〇四二-三九二-一八八八番

韓国無教会双書（全９巻　別巻１）

（＊ キリスト教図書出版社版の復刻）

本双書は当初キリスト教図書出版社から刊行されたが、同社創業者・岡野行雄（1930-2021）氏の死により全10巻構想のうち４冊で中断を余儀なくされた。その後、岡野氏と皓星社創業者・藤巻修一の生前の交友により皓星社が構想を引き継いで残された６冊を編集し、既刊と併せて装いを新たに出版することとした。

韓国無教会双書　第２巻

信仰と人生　下

2023 年 12 月 25 日　初版発行（キリスト教図書出版社版の復刻）

著　者　金教臣
訳　者　金振澤
監　修　森山浩二

発行所　株式会社 **皓星社**
発行者　晴山生菜

〒 101-0051 東京都千代田区神田神保町 3-10
宝栄ビル６階
電話：03-6272-9330　FAX：03-6272-9921
URL http://www.libro-koseisha.co.jp/
E-mail：book-order@libro-koseisha.co.jp

印刷　製本　精文堂印刷株式会社

ISBN978-4-7744-0805-7